이어도 오디세이

이어도 오디세이

이어도연구회 저

한반도의 푸른 꿈, 우리가 알아야 할 이어도의 모든 것

다우 PUBLISHING CO.

일러두기

이 책에는 저작권자와 연락이 닿지 않아 부득이 허가를 구하지 못한 일부 도판이 있습니다.
이에 대해서는 연락 닿는 대로 적법한 절차를 따르겠습니다.

발간사

이어도 수호,
해양국가의 미래를 결정한다

"바다도 영토가 될 수 있을까?"

대항해시대부터 20세기까지 대양의 개척자들은 이러한 의문을 가졌습니다. 역사적으로 인류는 육지를 중심으로 생활해왔고, 더 넓은 영토를 지배하는 나라가 강대국이 되었습니다. 그러나 정작 인류의 역사는 강, 호수, 바다 등 물을 중심으로 발전했습니다. 영국의 월터 롤리 경이 "바다를 지배하는 자가 세계를 지배한다"라고 예언했듯이 오늘날 세계는 해양을 중심으로 돌아갑니다. 우리나라도 이러한 시대적 변화에 부응하고 해양국가로서 활로를 찾기 위하여 갖은 노력을 기울이고 있습니다.

해양국가로서 내딛는 첫걸음은 해양영토 수호입니다. 해양영토의 범위는 독도와 같은 섬은 물론 이어도와 같은 관할해역까지도 포함합니다. 우리나라의 관할해역은 약 43.8만㎢로 남한 국토 면적

(10만㎢)의 4배가 넘습니다.

이어도는 오늘날 한국의 해양주권을 상징하는 소중한 해양영토입니다. 예로부터 이어도 해역은 어류가 풍부한 황금어장으로 우리 선대들이 조업을 하던 '바당밭海田'이었습니다. 21세기, 이어도의 가치는 그 이상을 내포하고 있습니다. 2003년, 이어도에는 국내 최초로 해양과학기지가 세워졌습니다. 여러 관측장비를 탑재한 이어도 해양과학기지는 한반도에서 가장 멀리 떨어진 최첨단 해양과학 연구기지일 뿐만 아니라 이어도 주변 수역 항해의 안전에 크게 이바지하고 있습니다.

이어도의 높은 가치에 비해 우리는 해양영토의 중요성에 대해 무심합니다. 한반도 주변 해역의 강대국은 이어도를 중요하게 생각하고 비상한 관심을 기울이고 있습니다. 특히 21세기 급격히 성장한 제2의 강대국 중국이 그렇습니다. 중국은 우리가 이어도 해양과학기지를 건설한 2003년부터 해당 수역에 대한 권리를 주장해왔습니다. 2013년에는 이어도 상공에 일방적으로 방공식별구역을 선포하며 바다를 넘어 공중에서도 공세적인 모습을 보이고 있습니다. 최근 중국은 거대한 경제 규모에 힘입어 군사력과 해양력을 강화하며 남중국해 여러 해양영토를 놓고 주변국과 마찰을 빚고 있습니다. 이어도 해역에서도 중국이 이러한 양상을 보이지 않으리라는 법이 없습니다.

《이어도 오디세이》는 이러한 주변국의 무리한 권리 주장에 대한 대응 논리를 담은 훌륭한 개설서입니다. 《오디세이Odyssey》는 고대 그리스의 시인 호메로스Homeros가 쓴 모험담입니다. 오디세이가 그리스와 트로이 간의 전쟁 당시 그리스 영웅들의 이야기를 그린 것처럼 이 책도 이어도에 관한 여러 방면의 이야기를 담았습니다. 이어도 수역의 특성에서부터 역사, 문화, 해양법, 그리고 앞으로 이어도를 둘러싼 국제관계에 관한 전망까지 이어도에 관한 모든 내용을 총망라했습니다.

이 책을 출간하기까지 많은 분들의 헌신과 노력이 있었습니다. 가장 먼저, 이 책의 편집을 맡아서 애써주신 오룡 연구위원, 원고의 내용을 꼼꼼히 감수해주신 심재설 한국해양과학기술원 동해연구소장, 정진용 해양과학기술원 해양재난·재해연구센터 센터장, 조성윤 제주대 명예교수, 최지현 제주대 로스쿨 교수, 한림화 소설가, 최미경 스토리텔링 작가, 이준성 연구실장 등께도 진심으로 고맙다는 말씀을 드립니다.

《이어도 오디세이》를 널리 알려 많은 국민이 이 책을 읽고 이어도와 해양영토 수호에 관한 깊은 관심을 기울이고, 이어도의 소중한 가치에 대한 국민 인식이 높아지기를 바랍니다.

2022년 10월

사단법인 이어도연구회 이사장

고충석

들어가는 글

'신비의 섬' 이어도를 아시나요

사람들 사이에 섬이 있다.
그 섬에 가고 싶다.
- 정현종, 〈섬〉

'신비의 섬' 이어도. 천 리 남녘 바다 파도를 뚫고 하얀 꿈처럼 솟는다는 그곳. 우리나라 국민들은 이어도에 대해 얼마나 알고 있을까. 국립해양조사원이 이어도연구회와 함께 시행한 온라인 인식조사가 궁금증의 실마리를 풀어준다.

'이어도에 대해 알고 있습니까'란 물음에 응답자의 48.3%가 '이름 정도 들어봤다', 35.4%가 '어느 정도 알고 있다', 5.4%가 '자세히 알고 있다'고 답했다. 이어도에 대해 알고 있는 것은 한국인 10명 중 4명 정도이며, 절반 가까이는 이어도라는 명칭만 들어봤다는 조사 결과다. 이름을 들어본 수준 이상의 인지도는 89.1%로 높았다.

그렇다면 이어도에 대해 얼마나 정확히 알고 있을까. '안다/모른다'로 대답하는 설문 중 '이어도는 국토 최남단 마라도 남쪽에 있다'라는 문항에 대해 응답자의 81.9%가 '안다'고 답했다. 보다 정확한 인식은 이어도가 해수면 아래 암초임을 아느냐가 관건이라 할 수 있다. '이어도는 섬이 아니라 수중 암초이다'에 대해서는 52.4%가 '안다'고 응답했다. 국민의 절반 정도만 이어도의 실체를 알고 있다는 뜻이다.

이어도에 설치되어 운영 중인 해양과학기지에 대해서는 이어도 자체보다 인식도가 낮았다. 해양과학기지에 대해 '이름 정도 들어봤다'가 41.5%, '어느 정도 알고 있다'가 21.4%, '자세히 알고 있다'가 2.5%로 나타났다. 반면 34.3%는 '전혀 모른다'고 응답했다. 한국인 3분의 1은 이어도에 해양과학기지가 세워져 해양·기상 관측, 자료 수집, 연구 활동을 하고 있는 사실을 모르고 있는 것이다.

이어도 해역에 대한 권리의식은 매우 높은 것으로 조사됐다. '독도는 우리 땅'과 같이 '이어도는 우리 바다'라는 명제에 대해 응답자의 91%가 '동의한다'고 답했다. 이어도 같은 해양영토를 관리하기 위해 정부가 해야 할 일에 대해서는 응답자의 33%가 '주변국과의 적극적인 해양경계 획정(경계를 명확하게 구별하여 정하는 것)·협상'을 꼽았고, '외국 어선 불법 어업 단속 및 처벌 강화'(29%), '법·제도 개선 및 강화'(15%), '해양경찰 경비력 증강'(14%) 등이 뒤를 이었다.

'이어도 하면 떠오르는 이미지'로는 제주 민요·설화(39%), 해양과학기지(22%), 해양수산자원(14%) 등의 순이었다. 해양과학기지의 이미지로는 해양과학 전진기지(47%), 해양주권의 상징(27%), 해양 갈등과 분쟁(14%) 등을 떠올렸다. 이 조사는 ㈜아이알씨에 의뢰해 2020년 8월 21~31일 19세 이상 전국 성인 남녀 1,028명(응답률 37.5%)을 대상으로 온라인 설문지 방식으로 이뤄졌다.

조사 결과는 전반적으로 이어도와 이어도 해양과학기지에 대한 이해와 관심이 충분치 않으며, 좀 더 적극적인 연구·교육·홍보가 필요함을 가리킨다. 이어도연구회가 글로벌 영어방송 '아리랑 TV'와 협업해 이어도에 관한 다큐멘터리를 제작한 것도 그런 노력의 일환이다.

《This is Ieodo, EEZ of Korea(여기는 이어도, 한국의 EEZ입니다)》라는 이 26분짜리 프로그램은 2022년 3월 9일 아리랑 TV에서 방영되었으며, 세계적 인지도를 지닌 제주의 자연과 해녀의 생업에서 출발해 이어도에 관한 구전과 역사, 형성 과정과 지리, 해역의 특성과 자원, 해양주권과 해양법적 이슈 등을 포괄적으로 다뤘다. 특히 영상물의 특성을 살려 이어도로 가는 뱃길과 주변 해역, 태극기 휘날리는 해양과학기지의 생생한 모습을 잘 보여주었다. 이어도 해양과학기지를 관리하는 국립해양조사원은 사물인터넷 기반 고화질 CCTV와 5G급 위성통신망을 구축하여, 누구나 홈페이지에서 해양과학기지의 실시간 관측 영상을 볼 수 있다.

다큐멘터리는 이어도가 대립적 분쟁이 아닌 국제법·관행에 따른 평화적 해양 이용의 모범답안이 될 수 있다는 전문가들의 조언으로 마무리된다. 해양과학기지 활용 공동연구, 수집·생산 자료의 국제적 공유, 각국 해양조사기관 및 국제기구와의 협력 확대 등이 그 방안이다. 이 프로그램은 이어도연구회 유튜브 채널에서 다시보기 할 수 있다.

2007년 설립된 이어도연구회는 연구와 출간, 학술발표회 개최를 통해 학문적 데이터를 축적하고 법, 제도, 문화, 역사 등 각 분야에서 이론적 기반을 다지는 다양한 교육·홍보활동을 벌여왔다. 또 인문·사회·환경·자연과학을 포괄한 연구 분야에서 국내외 전문가 네트워크를 구축해, 이어도 해역 관할권 강화를 위한 여론 조성에도 힘써왔다. 또한 교사, 학생, 청·장년 일반인을 대상으로 다양한 맞춤형 프로그램을 개설해 호응을 얻고 있다.

이 책은 그동안 이어도연구회가 발간한 10여 권의 간행물과 자료집을 종합 정리해 이어도에 관한 모든 것을 대중적 언어로 풀어낸 교양서다. 이어도 문제는 깊이 들어가면 국제관계, 국제법, 해양이용을 둘러싼 전문적 쟁점을 내포하고 있다. 그러나 일방의 주장과 국수주의를 배격하고 객관적인 정보 제공에 주력하여 중학생 이상 성인이라면 이 한 권으로 이어도의 실태와 역사적 근원, 해양과학기지의 실효성, 해양관할권 문제 등을 쉽게 알 수 있도록 했다. 이를 위해 학술적 용어 대신 가독성 높은 직감적 언어로 제목과 본문을 서술했다. 또 관련 사건·인물, 비화, 토막상식, 예술작품 등을 다룬 흥미로운 상자글을 넣었으며, 도표 등 그래픽 이미지도 활용하였다.

이 책은 이어도에 대해 꼭 알아야 할 사항을 6장으로 나누어 알기 쉽게 소개했다. 각 장의 내용을 보면 제1장 "아스라한 대륙붕의 속살"은 이어도의 인문·자연지리, 형성 과정, 주변 해역의 특성, 수산·지하자원, 제2장 "소코트라호부터 해양과학기지까지"는 이어도의 존재를 확인하고 기록한 역사, 제3장 "신화와 과학이 만나다"는 제주인의 삶 속에 형성된 설화, 민요, 민담 등 구전 문화, 제4장 "대양에 우뚝 선 '골리앗 타워'"는 해양과학기지 건설 과정과 역할, 과학적 성과, 위상, 제5장 "'우리 바다 이어도'의 경계와 관할권"은 이어도 해역 관할권을 둘러싼 국제법·국제관계 쟁점, 제6장 "갈등의 파고 넘어 번영의 미래로"는 해양의 미래가치, 해양영토 관련 분쟁 가능성 등을 다뤘다.

이어도는 신화와 전설에서 출발하여 섬사람들이 가슴속에 품어온 애환이자 이상향이었다. 이어도는 늘 거기 있었지만 좀처럼 자신의 모습을 보여주지 않았다. 이어도의 실체를 밝히는 과정은 모험과 신비로 가득 찬, 우연과 필연이 교차하는 '오디세이'와도 같았다. 그 여정엔 바다에 대한 경외, 고난의 파고를 넘는 푸른 꿈과 도전이 있는가 하면, 바다를 지배 도구로 삼으려는 패권적 욕망도 숨어 있다. 이제 독자 여러분과 함께 이어도가 발산하는 오늘의 메시지를 찾아가는 발걸음을 내딛고자 한다.

앞에 인용한 시에서 정현종 시인은 섬 사이에 물이 아닌 사람들이 있다고 했다. 많은 평론가들이 고독한 현대인의 삶을 표현했다고 읽었다. 하지만 섬 사이에 물이 아닌 사람들이 있다면 가고 싶은 섬에 가는 것이 더 수월하지 않을까. 사람들 사이의 부대낌만 잘 다뤄낸다면 말이다.

이어도로 가는 길도 많은 사람들의 인식의 바다를 거쳐야 할 것이다. 거기엔 이해 당사국과 국민, 관련 학자와 전문가, 국제기구,

시민사회단체, 해양주권 운동가들이 있으며, 지켜보는 세계 시민들이 있다. 모든 이들이 이어도의 실상을 이해하고 명료한 인식을 가지는 데 이 책이 도움이 되었으면 한다.

2022년 10월 26일

이어도연구회

차례

제2장 소코트라호부터 해양과학기지까지

제3장 신화와 과학이 만나다

제4장 대양에 우뚝 선 '골리앗 타워'

제5장 '우리 바다 이어도'의 경계와 관할권

제6장 갈등의 파고 넘어 번영의 미래로

제1장

아스라한 대륙붕의 속살

이어도에 대한 불완전한 인식은 그 이름이 '도島, 섬'로 되어 있는 데에서 비롯된 것이 크다. 이어도가 섬으로 불리게 된 것은 주변 해역을 어업의 터전으로 삼은 제주도의 구비 전승에서 비롯됐다. 그 연원은 뒤에서 살피고, 우선 이어도의 명확한 실체부터 알아보자.

해수면 아래 잠겨 있는 수중 암초submerged rock인 이어도는 어떤 기준으로도 섬은 아니다. 바닷속에서 보면 밑바닥부터 우뚝 솟은 해저산海底山이고 봉우리 가장 높은 곳, 즉 해수면에 가장 가까운 곳도 수심 4.6m이다. 따라서 평상시에는 수면 위로 모습이 보이지 않는다. 바로 아래 암석 때문에 파도가 여울지는 수면이 보일 뿐이다.

한·중·일 삼각 요충지

이어도는 어디 있을까. 이어도는 동중국해East China Sea 한가운데 있다. 수면 아래 암초가 숨어 있으리라곤 생각하기 어려운 망망대해다. 좌표상으로는 북위 32도 07분 22.63초, 동경 125도 10분 56.81초로 찍힌다. 지도에서 보듯 한반도와 중국 대륙, 일본열도를 잇는 삼각형의 중앙이다. 중국과 일본을 잇는 항로의 중간 기점이자 한반도에서 태평양으로 나가는 중요한 길목이다. 이어도의 지리상 대척점은 우루과이의 소도시 라우라Laura다. 지구 반대편은 내륙인 셈이다.

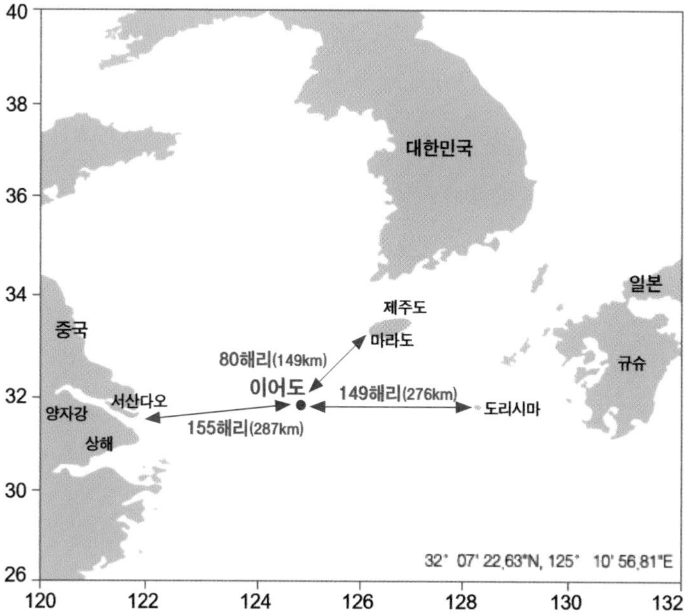

이어도 위치도(국토교통부).

이어도는 한국·중국·일본 세 나라 중 한국과 가장 가깝다. 대한민국 영토 최남단 마라도에서 서남쪽으로 149㎞(80해리) 떨어져 있다. 중국의 영토 동쪽 끝인 퉁타오童島라는 섬에서는 247㎞ 떨어져 있는데, 이 섬은 무인도이고 유인도인 서산다오佘山島를 기점으로 하면 287㎞(155해리) 거리이다. 일본은 도리시마鳥島에서 서쪽으로 276㎞(149해리) 떨어져 있다.

이렇게 이어도가 한국과 가장 가까운 거리에 있는 것은 어김없는 사실이다. 그러나 가깝다고 해서 자동으로 관할권이 인정되는 것은 아니다. 마주 보는 대향국對向國인 한국과 중국 사이의 거리가 236해리(436㎞)밖에 되지 않기 때문이다. 국제법상 바다를 끼고 있는 연안국 사이 거리가 각자 관할하는 배타적 경제수역EEZ, Exclusive Economic Zone●의 두 배인 400해리(741㎞) 이내여서 서로 겹칠 경우 당사국 간 협상을 통해 해양경계를 획정하도록 돼 있다.

동중국해는 제주도 남쪽부터 대만까지 걸쳐 있는 서태평양의 연해다. 중국이 동쪽과 남쪽으로 해안선을 둔 중국해China Sea 중 북쪽, 한국·일본과 마주 보는 바다다. 황해 남쪽부터 대만, 난세이제도, 규슈, 류큐 섬을 거쳐 제주도와 양쯔강 하구를 잇는 선으로 둘러싸여 있다. 중국은 동중국해를 '둥하이東海'라 부른다. 그 남쪽 베트남, 말레이시아, 필리핀 등과 마주 보는 바다는 남중국해South China Sea다.

동중국해는 남북 1,300㎞, 동서 740㎞로 면적이 한반도의 6배인

● 연안으로부터 200해리 안의 바다를 말하며, 연안국은 이 수역 안의 모든 자원에 대한 경제적 권리를 배타적으로 독점하는 권한을 가진다.

130만㎢에 이른다. 세계 바다 면적 순위 9위다. 평균 수심은 349m, 최대 수심은 2,719m다. 남동, 남쪽으로 갈수록 수심이 깊어진다. 해저 지형은 대륙붕continental shelf이 넓게 발달해 있는 것이 특징인데, 대륙붕은 바닷물에 잠긴 대륙지각의 연장으로 수심 150~200m 이하의 평탄 지형을 말한다.

대륙붕이 끝나는 수심 140m의 대륙붕단을 지나면서 수심이 급격히 떨어지는 대륙사면이 나타난다. 남동쪽 외해로 나가면 수심 2,000m 이상의 오키나와 해구로 연결된다. 동중국해 대륙붕 분지는 여러 소규모 분지로 나뉘는데, 이어도는 소코트라Socotra분지에 속한다. 그 동북쪽에 후피지아오분지, 동쪽에 제주분지, 제주도와 규슈 사이에 도미분지가 있다.

동중국해는 '아시아의 페르시아만'이라 불릴 만큼 전략적 가치가 높은 곳이다. 동북아시아 한·중·일의 앞마당 같은 바다인 만큼 세 나라의 이해관계가 첨예하게 대립한다. 3국이 각자 주장하는 배타적 경제수역이 중첩돼 있고, 하늘로 눈을 돌리면 이어도 해역 상공은 3국 모두의 방공식별구역ADIZ, Air defense identification zone● 에 속한다.

이 지역에서 일어난 대표적 분쟁은 한일공동개발구역과 춘샤오 가스전 등이 있다. 한일공동개발구역은 흔히 '제7광구'라 부르는 제주도 남쪽부터 규슈 서쪽 사이의 대륙붕을 말한다. 한국이 1970년 대륙붕에 관한 영유권을 공포했으나 일본이 공유 대륙붕을 주장

● 각국이 자국의 안보를 위해 식별되지 않은 외국의 항공기가 무단으로 침범하는 것을 막고자 영공 외곽에 임의로 설정하는 공중구역.

하면서 단독개발이 어려워졌다. 중국 또한 한국과 일본의 공동개발에 부정적인 입장을 보였다.

중국은 7광구 옆 춘샤오 가스전을 놓고 일본과 각축을 벌여왔다. 춘샤오 가스전은 일본의 배타적 경제수역 밖에 있다. 그런데 가스전이 해저 지하에 넓게 퍼져 있다며 일본이 자원배분 권리를 주장했고, 중국이 이를 거부하면서 분쟁이 일어났다.

이어도는 1952년 한국 정부가 인접 해양에 대한 주권을 선언한 '평화선' 선포 수역 안에 있다. 한국은 1970년 해저광물자원개발법을 제정하면서 30만㎢에 달하는 대륙붕을 7개 해저광구로 나눴다. 이어도는 제4광구에 해당한다. 하지만 중국은 대륙 퇴적물이 쌓여 형성된 대륙붕이라며 자국의 관할권을 주장하고 있다.

이어도 인근 해역은 연간 25만 척의 선박이 오가는 해상교통의 요충지다. 한국의 수출입 물동량의 90%, 원유 등 에너지 물동량의 99%가 이 해역을 통과한다. 그런데 연중 파고가 높고 한난류 전선 형성으로 안개가 잦아 해운 안전에 위협이 되곤 한다. 또 북상하는 태풍의 이동통로이기도 하다. 그만큼 해운항로, 기상관측, 해양환경적 가치가 높다는 뜻이다.

한편 이곳은 난류와 한류, 연안수가 만나는 지점으로 다양한 어종이 풍부하게 서식한다. 영양 염류와 플랑크톤이 풍부한 천혜의 어장이며, 석유·천연가스 등 막대한 지하자원이 매장돼 있는 것으로도 추정된다. 각종 군용선의 항로이자 안보 수요가 높은 동아시아의 주요 군사활동 수역이므로 경제적으로는 물론 군사·안보적으로도 중요하다.

수중 암초는 통항의 장애물이나 골칫거리 바위로 여기기 십상이다. 하지만 이어도는 그 절묘한 입지만으로도 막대한 현재·미래 가치가 인정되는 요지이자 상징적 해양영토다. 과거 제주도 사람들의 이상향이던 이어도가 감춰진 보물로 우리 곁에 돌아온 것이다.

그 자태를 본 이는 돌아오지 못했다는데

이어도 해양과학기지 근무자들은 늘 모니터로 북쪽 해수면을 관측한다. 다른 곳과 달리 파도가 층을 이뤄 수면이 여울져 보이는 곳이 바로 4.6m 아래 이어도 정봉頂峯이 있는 지점이다. 이어도 바다는 파도가 잔잔한 날이 연중 30일 정도에 불과하고 잔잔한 날도 평균 파고가 2~3m 정도 된다.

이어도는 10m 안팎의 높은 파도가 몰아칠 때 비로소 물 위로 모습을 드러낸다. 잿빛 파도를 뚫고 솟아오른 신비의 존재가 확인되는 순간이다. 정상부터 수심 15m까지 수직에 가까운 절벽이어서 바람이 불면 흰 포말 형태의 파도를 일으킨다. 지금은 해양과학기지 철골구조물에서 그 모습을 관찰할 수 있다.

과거에 험난한 이곳 바다에서 집채만 한 파도를 만난 배는 무사하기 어려웠을 것이다. 실제로 인근 해역에는 수많은 난파 기록이 있다. 그래서 해산의 하얀 속살을 본 뱃사람은 살아 돌아오지 못했다는 얘기가 전해진다. 작가 이청준(1939~2008)은 소설 《이어도》에서 이렇게 말한다.

이어도 상층부의 파도(해양경찰청 제공).

"긴긴 세월 동안 섬은 늘 거기에 있어왔다. 그러나 섬을 본 사람은 아무도 없다. 섬을 본 사람은 모두가 섬으로 가버렸기 때문이다. 아무도 다시 섬을 떠나 돌아온 사람이 없기 때문이다."

수면 가까이 있지만 큰 폭풍우 속 파도 사이로만 볼 수 있는 곳, 문이 열려 그곳을 보면 살아 돌아오지 못한다는 섬. 그래서 이어도는 수세기 동안 뱃사람들에게 환상과 전설의 대상이 되어왔다. 뭍에서 멀리 떠나온 용감한 어부가 바다에 묻히면 가는 파도 아래 섬, 피안의 세계, 영영 돌아오지 못하는 영혼들이 쉬는 발할라Valhalla● 같은 곳으로 여겨졌다.

수면 아래 실제 이어도는 어떻게 생겼을까. 이어도의 해저 모습

● 북유럽신화에 등장하는 전사들의 궁전이자 바이킹들이 상상한 이상향.

은 국립해양조사원이 다중음향측심기와 인공위성 레이더 고도계 등 첨단장비 계측으로 작성한 3D 입체 지형도로 확인할 수 있다. 대륙붕 바닥에서 불쑥불쑥 봉우리가 솟아오른 형상이 마치 백제의 금동향로를 닮았다는 얘기를 듣는다.

이어도에서 가장 얕은 곳, 즉 정상부는 저조 시 해수면 아래 4.6m 지점에 있다. 이어 수심 40m까지 굴곡이 심한 복잡한 해저 지형을 이룬다. 정상부를 중심으로 북서쪽으로 수심 52m까지 급경사를 이루며 낮아지다 다시 높아진다. 수심 50m 지역은 비교적 경사가 완만한 지형 변화를 보인다. 정상부 남동쪽 경사면은 수심 45~55m로 갑자기 낮아지는 돌출암반이 분포한다.

이어도 정상 주변 암체岩體는 수심 55m 등수심선•을 기준으로 남북 약 1.8㎞, 동서 약 1.4㎞에 걸쳐 비대칭 말안장 모양의 타원형을 이루고 있다. 전체 외형은 둥근 바가지를 엎어놓은 것 같아, 제주도 산방산을 닮은 모양새다. 이어도 해양과학기지는 정봉 부근에 설치된 것으로 생각하는 경우가 많지만, 실제로는 정봉에서 남쪽으로 약 700m 떨어진 수심 41m의 평탄지점에 설치돼 있다.

화산활동에 의해 형성된 이어도는 남북으로 기복이 큰 북고남저北高南低 지형이다. 동서로는 서쪽보다 동쪽이 기복이 심하다. 남쪽이 가파른 것은 파도에 의해 침식된 파식대波蝕臺 지형이 되었기 때문이다. 1만 년 전후 빙하기에 해수면이 낮아진 상태에서 남쪽에서 온 태풍 등의 영향으로 침식과 풍화가 이뤄진 것으로 추정된다.

• 수심이 같은 지점을 연결한 지도의 곡선.

백중사리에 고개 내민 이어도

거친 물결 사이로 얼핏 고개를 드러내는 이어도의 봉우리는 과연 어떻게 생겼을까. 그 모습을 육안으로 직접 보려면 10m의 높은 파도 옆에 있어야 한다. 현실적으로 쉽지 않은 일이다. 그런데 수면 위 그 모습을 멀지 않은 거리에서 찍은 흔치 않은 사진이 있다. 2014년 8월 9일 오후 2시, 간조 시간대 제주해양경비안전본부 소속 3006함에서 촬영된 사진이다. 왼쪽에 이어도 해양과학기지가 보이고 오른쪽 이어도 봉우리에 흰 파도(白波)가 일고 있다. 사진을 찍은 함정은 동쪽에 있고 해양과학기지 북방 700m에 이어도가 있다.

이때 이어도 봉우리가 카메라에 잡힌 것은 우연이 아니다. 너울성 파도가 일기도 했지만 그보다 이날은 연중 조고차(潮高差)가 가장 큰 백중사리 다음 날이었다. "7월 백중사리에 오리 다리 부러진다"라는 속담이 있다. 오리 다리가 부러질 정도로 파도가 거세진다는 과장법이다.

백중사리는 음력 7월 15일이다. 그해 양력으로는 2014년 8월 10일이었다. 사리는 음력 그믐과 보름 전후 두 차례 든다. 그중에도 백중사리엔 태양계 운행이 지구-달-태양 순으로 일직선이 되고, 지구와 달의 거리가 가장 가까워진다. 달의 인력에 태양의 인력까지 더해져 조고차는 1년 중 최고로 높아진다. '모세의 기적'이라 불리며 바다가 갈라지는 현상이 잘 나타나는 것도 이때다. 백중사리 전후 물살은 마치 용왕이 노한 것처럼 빠르고 거칠다. 이때 바다에 들어가 물놀이하면 안 된다고 하여 "백중에 바다 미역 하면 물귀신 된다"라는 옛말도 있다.

여의도 절반, 천지 4분의 1

이어도의 전체 넓이는 얼마나 될까. 면적 계산은 기준 수심을 어디에 두느냐에 따라 달라진다. 수심 40m를 기준으로 하면 남북 약 600m, 동서 약 750m에 이르는 작은 암초다. 수심 50m를 기준으로 하면 2㎢ 정도다. 통상 수심 55m를 기준으로 하는데, 이 경우 남북 1,8㎞, 동서 1,4㎞로 2.7㎢에 이른다.

넓이를 비교할 때 알기 쉽게 흔히 여의도에 견주곤 한다. 여의도의 면적은 윤중로 제방 안쪽 기준으로는 2.9㎢지만, 보통 한강 둔치 시민공원을 포함한 4.5㎢로 계산한다. 따라서 2~2.7㎢ 넓이의 이어도는 대략 여의도의 절반 정도 크기라고 할 수 있다. 달리 비교하면 이어도는 9.1㎢인 백두산 천지의 4분의 1, 33만㎡인 한라산 백록담에 비하면 10배 가까이 된다.

이어도는 잔류성 지형이다. 화산 분출로 만들어진 화산암 조각과 응회암凝灰巖, tuff• 질 퇴적물이 쌓였다가 빙하기 때 차별적 풍화와 침식에 깎여나갔다. 이어도가 한때 '파랑도波浪島'란 이름으로 불렸던 것처럼, 이곳은 주기적으로 파랑 에너지가 강하게 작용하는 해역이다. 이어도를 이루는 바위는 처음엔 중심부 정상이 둥근 사면을 두른 원추형의 전형적인 산 모양이었을 것으로 추정된다. 이후 빙하기와 간빙기가 교차하면서 해수면 높낮이가 바뀌고 침식되면서 지금의 형태가 이뤄졌다.

• 화산활동으로 나온 화산재 등의 물질이 굳어진 암석.

과거엔 이어도의 지질과 생성과정이 제주도와 비슷할 것이라고 막연히 생각했다. 그러나 해양과학기지 건설 과정에서 시추한 자료를 통해 지질학적 연구가 이루어지면서 흥미로운 사실들이 발견됐다.

제주도는 180만 년 전부터 시작된 화산활동으로 만들어졌다. 물속에서 생기기 시작해 물 밖으로 올라온 마그마가 물과 반응하며 수성화산•을 형성했다. 이후 파도에 의한 침식과 퇴적이 반복되면서 현재의 서귀포층이 생겨났다. 이런 과정을 거치면서 제주도가 화산섬으로 돌출한 것은 55만 년 전으로 추정된다.

그런데 이어도는 형성 과정이 좀 다르다. 제주도가 바닥에서 분출한 마그마가 굳은 용암이라면 이어도는 마그마 위에 쌓인 화산 퇴적물이다. 160만 년 전 신생대 제4기 플라이스토세 때 쇄설성 퇴적물이 바닥에 쌓이면서 형성되기 시작했고, 화산쇄설물••이 그 위를 뒤덮었다. 이후 계속된 빙하기와 간빙기를 거치면서 풍화와 침식에 의해 지금의 형태가 만들어졌다. 화산재가 쌓여 굳어진 화산 쇄설물 응회암층이 정상 부근에서 기존 퇴적층을 덮은 후 각종 침식작용을 받고 남은 것이 지금의 이어도라는 얘기다.

이와 비슷한 사례는 튀르키예 중부 아나톨리아 중동부의 고대 지명인 카파도키아에서 볼 수 있는 버섯 모양의 봉우리들이다. 이들 봉우리는 이어도와는 달리 순전히 육상 침식의 결과로 생겼다.

• 물과 마그마의 혼합으로 발생하는 화산활동.

•• 화산활동으로 방출된 크고 작은 암석조각과 화산재 등의 모든 고체 물질.

이어도 해양기지.

동쪽에서 바라본 이어도.

남쪽에서 바라본 이어도.

이어도 지형도(국립해양조사원 제공).

인근에서 폭발한 화산재가 응회암이 되어 기존의 현무암을 덮었고, 그 상태에서 암질의 강도 차이에 의한 차별 침식이 일어났다.

이어도 정상 부근 응회암층은 그 기원과 지질적 특성이 제주도 성산층과 유사하다는 학설도 있다. 시추자료 연구 결과 비교적 단단한 몇 미터 두께의 응회암 정상 아래쪽에는 그보다 경도가 약한 펄과 모래층이 반복 퇴적돼 있다.

응회암 연대 측정 결과 73만~41만 년 전 생성된 것으로 나타났다. 서귀포 천지연폭포 주변 서귀포층과 유사한 신생대 제4기 플라

이스토세 중기에 형성됐다는 것이다. 이보다 더 오래됐다는 방사성 동위원소 연대 측정 결과도 있다. 그런데 암석이 심하게 풍화되었기 때문에 연대 측정에 오류 가능성이 있어 확정적 판정은 보류된 상태다.

1만 년 전엔 육지였다

이어도에 침식과 풍화가 이뤄질 때는 수면 위에 노출돼 있었다. 즉 섬인 상태에서 퇴적물이 깎여나갔다. 그때가 언제였으며, 그 모습은 어땠을까? 첨단 지질학 연구는 우리의 상상력을 응원한다.

마지막 빙하기인 1만 8,000년 전에는 지금보다 해수면이 130m 정도 낮았다. 현재 이어도 주변 수심은 60m 이내이므로 그때는 당연히 육지의 일부였고, 제주도와 타이완섬을 포함한 동중국해 대부분이 육지와 연결돼 있었다.

이어도는 마라도 서남쪽 149㎞ 지점에 있다. 먼 거리이긴 해도 만약 당시 우리 조상들이 살았다면 걸어서 갈 수 있었을 것이다. 사실, 현재의 조간대•에서 보듯 갯벌층이 많아 체력소모는 제법 컸을 터이다. 힘들게 걸어온 이들에게 평탄한 지역에서 갑자기 나타난 60m 높이의 봉우리는 환상적인 장관 아니었을까. 마치 모자를 쓴 듯한 꼭대기 응회암층, 그 하부에 비교적 어두운 색의 단단한 갯벌층과 모래층이 교대로 퇴적된 지름 500m 원형 봉우리가 모습을

• 만조 시의 해안선과 간조 시의 해안선 사이 부분.

드러냈을 것이다. 남쪽으로는 10m 높이, 지름 2㎞에 달하는 평탄한 언덕이 펼쳐져 있다. 하지만 이는 바닷물에 침식된 뒤의 형태이니 당시엔 이보다 규모가 더 큰 산 모양이었을 것이다.

빙하기가 끝나고 해수면이 상승하면서 이어도 주변은 모두 물에 잠겼다. 약 5,000년 전부터는 정상부마저도 물에 잠겼을 것으로 추정된다. 그러니까 이어도가 수중 암초가 된 것은 5,000년 전 무렵이라는 얘기다. 지금은 수면 아래 4.6m에 정상이 있지만 기후변화에 따른 해수면 상승이나 파도에 의한 침식으로 이어도 수심은 좀 더 깊어질 가능성이 있다.

이어도 바위의 지질적 특성은 응회암이라는 데 있다. 이어도는 제주도 본섬의 성산층과 유사한 환경에서 생성됐다. 신생대 제4기에 퇴적된 하부 쇄설성 퇴적층과 그 위를 얇게 덮은 상부 화산쇄설성 퇴적층으로 구성되어 있다. 신생대 제4기에 몇 차례 반복된 빙하기와 간빙기 기간 중 반복적인 퇴적과 화산작용이 일어났다. 화산활동의 지표는 여러 가지가 있다. 이어도가 화산섬인 것은 주요 구성 암석이 화산재가 쌓여 굳어진 응회암이라는 것으로 확인된다. 응회암은 물속에서 폭발하는 수중화산 지형에서만 보이는 암석이며, 성분상으로는 화산분출물인 화성암이다. 하지만 화산 폭발 때 나오는 암석 부스러기, 즉 쇄설물이 쌓여 시루떡과 같이 층을 이룬다는 점에서는 퇴적암으로 간주된다. 응회암은 두 종류로 나뉘는데 땅속 마그마 화산재가 쌓여 굳어진 암석은 결정질 응회암crystal tuff이라 한다. 반면에 마그마 위를 덮고 있던 기존 퇴적물 입자들이 화산재가 되어 날아올랐다가 내려앉아 굳어진 화산성 퇴적암은 석질 응회암

lithic tuff이라고 한다. 이어도 응회암은 후자에 속한다.

마그마성 화산 폭발은 수심이 깊은 곳에서 이뤄진 뒤 식기 때문에 퇴적물질에 수분이 유지되면서 점성이 커져 경사가 급한 응회구tuff cone가 된다. 제주도의 오름 중 성산 일출봉과 우도가 대표적인 응회구이다. 이와 달리 얕은 수심의 화산활동으로 퇴적물 온도가 100℃ 이상이 되면 퇴적물이 빨리 마르면서 안식각安息角이라 부르는 자연경사도가 작아져 경사가 완만한 분화구를 이루게 된다. 이를 응회환tuff ring이라 한다. 제주의 오름 중 수월봉, 송악산, 용머리해안 등이 이에 해당한다.

이어도는 제주도 초기 화산활동 결과 중 하나이며, 제주도 화산활동으로 형성된 서귀포층과 관련이 있다. 제주도가 기원으로 추정되는 화산쇄설물(응회암)이 표층을 덮고 있는 구조이다. 이어도가 응회구인지 응회환인지를 규명하기 위해서는 더 깊이 있는 연구가 필요하다.

다시 섬이 될 가능성은?

지질활동은 장구한 시간에 걸쳐 일어난다. 언젠가는 이어도가 지금보다 더 커지거나 섬이 될 수는 없을까 하는 궁금증이 자연스레 생긴다. 결론부터 말하면 이어도의 면적이 더 커질 가능성은 거의 없다.

이어도는 화산활동으로 만들어진 바닷속의 봉우리인 해산

seamount이나 바다 밑의 화산암체가 파도에 깎여 평탄해진 기요guyot와는 다르게 형성됐다. 해산이나 기요는 보통 해저 화산활동에 의해 마그마가 바닥의 현무암을 뚫고 분출하면서 만들어진다. 그래서 분출이 이어지면 면적이 커질 수 있다. 실제로 열점hot spot 같은 지하 깊은 곳의 마그마 활동으로 만들어진 하와이제도 남쪽 하와이섬 동남부 킬라우에아 화산은 계속 마그마를 분출하고 있으며, 이로 인해 섬이 계속 커지고 있다. 하와이섬 동남부 해저의 로이히 해산도 융기하고 있어, 3만 년 뒤에는 새로운 섬으로 발달할 것으로 예상된다. 성장이 멈춘 해산도 있지만 이렇게 계속 성장하여 섬(화산도)이 되기도 한다.

이어도가 지하 마그마 활동으로 만들어졌다면 제주도나 하와이처럼 단단한 암반 구조를 가진 섬으로 발전할 수 있을 것이다. 그러나 아쉽게도 이어도는 퇴적작용으로 형성된 지형이다. 진흙과 모래층이 반복하여 퇴적된 후 그 위에 상대적으로 더 단단한 화산쇄설물인 응회암이 모자를 씌운 것과 같은 구조다. 각 퇴적층의 단단함 차이에 따라 개별적 침식이 일어나 현재의 모습을 가지게 되었다. 따라서 이어도가 지금보다 더 커질 가능성은 희박하다.

이어도가 섬이 될 가능성도 높지 않다. 하부 기반이 단단하지 않기 때문에 앞으로 파도에 의한 침식작용으로 오히려 지금보다 높이가 낮아질 수 있다.

마지막 빙하기가 끝나가는 1만 년 전부터 빙하가 녹기 시작했다. 그에 따라 급격한 해수면 상승이 나타나고 이어도 주변도 바닷물에 잠기기 시작했다. 해수면이 지속적으로 상승하면서 어느 순간부터 섬의 형태를 유지했을 것이다. 그러나 약 5,000년 전부터는 섬 정상부가 해수면에 잠기기 시작해, 섬의 모습은 사라지고 높은 파고에만 순간적으로 보이는 수중 암초가 되었을 것으로 추정된다. 따라서 다시 빙하기가 와서 해수면이 내려가지 않는 한 이어도가 섬이 될 수는 없다.

이어도의 표층은 어떤 상태일까. 표층에는 주로 펄과 모래가 퇴적돼 있다. 황해와 동중국해 전체가 크게 다르지 않다. 중국 쪽은 양쯔강 등 큰 강의 영향을 많이 받는다. 양쯔강 하구의 니질(펄) 퇴적물은 하구 남쪽으로 연안을 따라 띠 모양 삼각주를 형성하고 있다. 양쯔강에서 유입된 퇴적물은 주로 남쪽으로 이동하지만 일부는 이어도 해역까지 와 쌓이기도 한다. 퇴적물은 쿠로시오해류나 대만해류 등에 의해 운반된다.

해양 퇴적물 연구는 시추나 직접 채집, 고주파 탄성파 지구물리 장비를 이용한 고해상도 천부퇴적층•방법을 사용한다. 한국지질자원연구원, 한국해양과학기술원, 국립해양조사원, 해양연구 관련 대학과 자원탐사를 목적으로 조사하는 한국석유공사 등이 이어도를 포함한 제주 남부 동중국해 퇴적층에 대한 연구 활동을 벌이고 있다.

2003년 한국지질자원연구원은 이어도 부근 퇴적층을 시추, 탐사했다. 신생대 제4기층인 퇴적층 65m까지 심부 시추한 자료를 탄소 동위원소(C14)로 측정했다. 그 결과 크게 4개 퇴적층이 발견됐으

• 지상이나 해저 지층의 표면 부근에 퇴적층의 유기물이 분해되어 생긴 가스(주로 메탄)가 묻혀 있는 곳.

며 최하부층의 나이는 5만 3,000년 이상으로 밝혀졌다. 이어도 부근 퇴적층의 표층은 두께 1.7m 정도의 균질한 니질층이다. 그 아래는 13.7m 두께의 모래와 펄의 교차층이 퇴적돼 있으며 위쪽으로 갈수록 입자 크기가 작아진다. 세 번째 층은 약 27m 두께로 모래와 점토가 교대로 나타나는데, 생물교란 흔적이 많고 얇은 모래층이 수평으로 잘 발달해 있다. 최하부층 두께는 23m이고 강한 침식 흔적이 있는 자갈과 모래층으로 돼 있다.

퇴적물이 수직적으로 변하는 이유는 빙하의 발달과 쇠퇴 때문이다. 아래쪽의 2개 층은 빙하가 발달해 해수면이 하강했을 때 퇴적된, 비교적 입자가 큰 퇴적물로 돼 있다. 위에서 두 번째 층은 빙하기가 끝나가면서 해수면이 상승할 때 만들어진 것이다. 펄이 주성분인 맨 위 표층의 퇴적물은 마지막 빙하기가 끝나고 해수면이 완전히 상승해 바닷물로 채워진 상태에서 퇴적된 것으로, 현생 퇴적물이라 한다.

한국지질자원연구원과 한국석유공사는 1979년부터 2008년까지 7,600㎞에 걸친 다중채널 에어건 탐사 결과 소코트라분지에서 중생대 백악기에 해당하는 기반암층이 지하 4,500m에 있음을 밝혀냈다. 심부 시추한 대륙붕 분지 기반암은 화성암(화강암, 안산암)과 편마암 같은 변성암으로 돼 있었다. 특히 후기 백악기(중생대) 이후 퇴적층인 셰일과 사암층이 우세해 원유와 가스의 부존 가능성을 시사한다.

'번지 없는 섬' 이어도

"문패도, 번지수도 없는 주막에~"로 시작하는 옛 대중가요가 있다. 1940년 나온 〈번지 없는 주막〉이란 노래다. 이어도가 바로 이런 신세다. 섬이 아니고 영토가 아니기에 주소가 없다. 주소가 없으니 우편번호도 없고, 땅에 관한 정보를 담은 지도에도 실리지 않는다.

대신 바다 지도인 해도에는 수중 암초로 표시돼 있다. 해도를 보면 이어도 위치, 주변 수심 등의 정보를 얻을 수 있다. 이렇게 이어도엔 주소가 없지만, 아이러니컬하게도 제주도엔 '이어도로'란 주소가 곳곳에 있다.

이어도로는 서귀포시 중문동, 대포동, 월평동, 하원동, 서호동, 강정동, 법환동을 지난다. 그래서 이 동네의 도로명 주소는 모두 '제주특별자치도 서귀포시 이어도로'이다. 이어도연구회는 2021년 12월 이어도로가 시작되는 중문동에 표지석과 명판을 설치했다.

이어도는 주소가 없지만 국가지점번호가 부여돼 위치를 확인할 수 있다. 국가지점번호는 국토와 인접 해양을 격자형으로 일정하게 나눠 지점마다 부여한 체계다. 한글 2자와 숫자 8자 체계로 2013년 1월 도입됐으며, 산행 시 탐방로에서 이 표시와 흔히 마주칠 수 있다. 산지는 주소 확인이 어렵고, 바다엔 주소가 없기 때문에 비상 상황에서 위치를 확인하는 데 유용하다.

한글은 가로세로 100㎞ 단위로 기준점에서 동쪽으로 가나다, 북쪽으로 가나다순으로 부여한다. 숫자는 100㎡마다 부여한 고유번호다. 이 체계의 최서남인 이어도의 국가지점번호는 '가가 8136 5060'이다. 최동단인 독도는 '사사 8787 2465'다.

이어도로 표지석. ▷

제주보다 2℃ 따뜻한 겨울

이어도의 날씨는 어떨까. 우리나라에서 가장 온화한 제주도에 비해 더 따뜻할까. 제주도에는 고산, 서귀포, 성산에 기상관측소가 있다. 제주기상청 자료에 따르면 연평균 기온은 서귀포가 16.2℃로 가장 높고, 서부 지역인 고산은 15.5℃, 동부 지역인 성산은 15.2℃로 가장 낮다. 이어도 해양과학기지의 기상측정 자료를 보면, 연평균 기온 16.5℃로 제주 기상관측소 평균 15.6℃보다 0.9℃ 더 높다.

이어도와 제주도의 기후 비교는 이어도와 경도선이 가장 가깝고 제주도 서쪽에 위치해 섬의 영향이 비교적 적은 고산기상대 자료를 기준으로 하는 것이 적합하다. 2013년 6월부터 2014년 5월까지 1년간 매일 자정에 측정한 자료를 보면 이어도가 고산보다 평균 기온이 약간 높다. 하지만 계절별 온도 분포는 조금 다르게 나타난다. 이어도는 육지의 영향에서 완전히 벗어나 있기 때문이다. 초여름인 6월 초순부터 7월 중순까지는 제주도의 온도가 약간 더 높거나 비슷하다가 7월 중순부터 이어도 온도가 높아지기 시작해 가을까지 지속된다. 겨울철에 온도 차가 가장 크게 벌어져 이어도의 온도가 2℃ 정도 높다. 반면 봄에는 육지의 영향을 받은 제주도가 약간 더 높다.

해양 날씨는 해류의 영향을 많이 받는다. 이어도 부근을 지나는 가장 큰 해류는 쿠로시오해류다. 쿠로시오黑潮란 명칭은 바닷물이 암흑색으로 보이는 데서 유래했다. 난류인 쿠로시오해류는 영양염류와 식물성 플랑크톤, 혼탁물이 적어 바닷물이 맑기 때문에 햇

빛 중 청남색을 많이 투과시켜 검게 보인다. 필리핀 동쪽 바다에서 기원한 따뜻한 쿠로시오해류의 주류主流는 이어도가 있는 동중국해 대륙사면을 따라 북상한다. 주류 서쪽은 대륙붕이지만 동쪽은 대륙사면이 시작돼 수심이 깊어진다. 이어도를 지나는 쿠로시오해류의 한 줄기는 대마도를 지나 동해로 흘러가는데, 이를 동한해류라 한다. 또 황해해류로 불리는 다른 부분은 제주도 서쪽을 통해 한반도 서안을 따라 북상한 후 소멸된다.

중국대륙 동안에서는 황허와 양쯔강에서 나오는 담수가 포함된 보류補流● 형태의 한류성 대륙연안류가 남하한다. 이처럼 이어도 주변은 북상하는 황해해류, 남하하는 대륙연안류가 접촉해 반시계 방향의 흐름 체계를 갖는 해역이다. 그런 만큼 계절에 따라 해양환경의 변화가 심하며, 해수 운동의 메커니즘을 파악하는 데도 최적의 입지가 된다.

한겨울인 2월 초 쿠로시오해류가 흐르는 유역은 21~22℃의 수온을 유지한다. 반면에 양쯔강에서 흘러나온 강물과 섞이는 5~6℃의 대륙연안류는 갈수록 수온이 떨어진다. 같은 위치에서도 쿠로시오해류가 흐르는 연안은 따뜻하지만, 대륙연안류가 흐르는 연안은 춥다. 이들 해류와 계절풍을 함께 이용하면 동중국해 여러 곳을 자연의 힘에 의존해 왕래할 수 있다.

이어도 주변 해역은 쿠로시오난류 때문에 수온과 염분도가 높다. 그러나 중국 양쯔강에서 막대한 담수가 배출되어 이어도 해역

● 옮겨간 바닷물을 채우며 이동하는 바닷물의 흐름.

으로 이동할 때는 표층 염분도가 낮아진다. 양쯔강에서 황해로 들어온 물은 여름에는 북-북동 방향으로 퍼져나가 제주도, 서남해, 남해 일부까지 영향을 미친다. 적조의 원인이 되기도 하고, 어패류의 집단 폐사 같은 저염분에 의한 피해를 주기도 한다.

이어도는 양쯔강 하구와 제주도의 중간에 있어 염분 변화 모니터링에 적합한 위치다. 양쯔강 저염분수가 확장하면 염도는 30psu(바다 평균은 35psu) 이하가 되고 낮은 염분일수록 가볍기 때문에 표층에서 더 강하게 나타난다. 여름(8월)에는 저염분수가 제주도까지 이동하는 데 약 10일 정도 걸린다는 연구 결과가 있다.

이어도 바다는 여름에는 남동계절풍, 겨울에는 북서계절풍이 분다. 특히 여름부터 가을까지 북서태평양에서 발생해 북상하는 온대성 저기압인 태풍의 길목이다. 우리나라에 직접 영향을 미치는 태풍의 절반가량이 이 해역을 통과한다. 한반도로 오는 태풍은 상륙 8~12시간 전 이곳을 지난다. 이어도 해양과학기지는 태풍의 진로와 풍속·기압·파고 등 해양 현상 예측에 중차대한 역할을 맡고 있다.

황금어장, 지하자원의 혈맥

이어도 주변 해역은 천연자원의 보고다. 지질조사 결과 습곡구조의 신제3기 퇴적층이 두텁게 발달한 대륙붕상이어서 석유 부존 가능성이 높게 평가돼왔다. 이어도가 속한 소코트라분지는 북서-남동

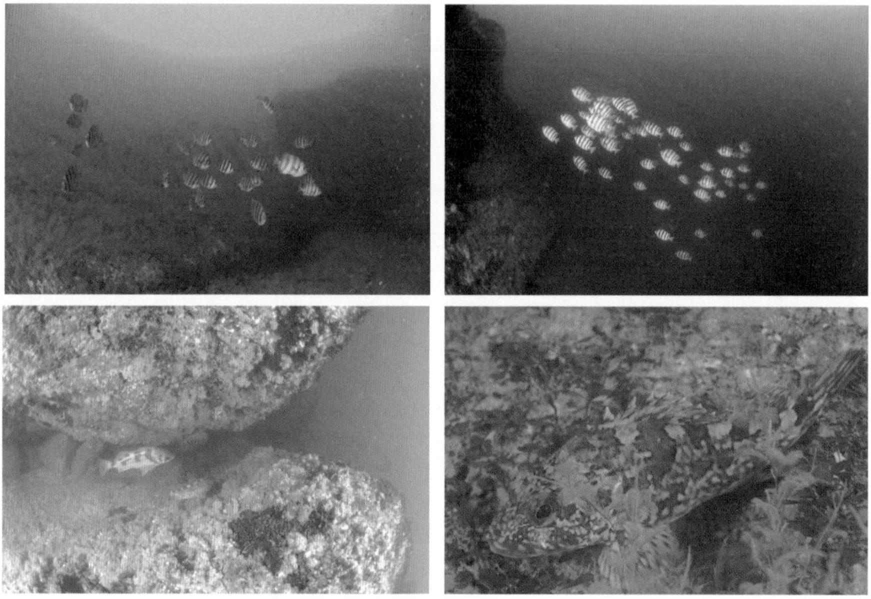

이어도 수중에서 무리 지어 이동하는 돌돔(위). 볼락과 쏨뱅이(아래).

방향 단층을 가진 배사구조背斜構造●가 형성돼 있다.

미국 윌슨국제연구센터는 2005년 동중국해의 석유 매장량을 최대 1,000억 배럴로 추산했다. 배럴당 100달러를 적용하면 10조 달러의 가치다. 세계 최대 산유국인 사우디아라비아에서 채굴 가능한 석유 매장량은 2,617억 배럴로 알려져 있다.

이에 더해 가스 매장량은 175~210조 세제곱피트cubic feet로 추산됐다. 미국의 채굴 가능 가스 매장량은 117.4조 세제곱피트로 평가된다. 동중국해에는 금, 철, 망간 등 막대한 광물자원도 매장돼 있을

● 지층이 가로 방향의 압력에 밀려 형성된 습곡에서 산 모양으로 솟은 부분.

이어도 수중의 천연기념물 연산호(위)와 말미잘(아래) 군락.

것으로 추정된다. 이어도 해역의 해저 광물자원에 대해서는 아직 정밀한 탐사가 이루어지지 않은 상태다.

이어도 바다는 한·중·일 세 나라 수산업의 주요 어장이다. 우리나라 연간 총어획량이 100만 톤 안팎인데, 그 가운데 70% 정도가 동중국해에서 나온다. 이어도와 제주 남부 해역은 쿠로시오난류와 황해한류, 대륙연안류가 교차하여 물고기의 먹이가 풍부한 황금어장이며, 다양한 어류가 서식한다. 우리 식탁에서 흔히 볼 수 있는 참조기, 멸치, 부세, 붕장어, 도미, 아귀, 웅어, 조피볼락, 돌돔, 물메기, 곰치, 쥐치 등이 많이 나온다. 대부분 해양 표층에 서식하는 소형 어종이다. 여름철 황해나 동해에 머물던 어종이 겨울에 따뜻한 제주

이어도 수중의 해조류와 히드라.

남방해역으로 와서 월동·산란하기 때문에 수산자원이 풍부하다는 이유도 있다.

이어도는 물속 암초여서 어류 외에 바위에 붙어사는 고둥, 불가사리 등도 분포한다. 그러나 파도가 거세어서 숲을 이루는 해조류는 광범위하지 않은 것으로 조사됐다. 고등어, 갈치, 전갱이, 오징어 같은 회유성 어종이 이곳에서 겨울을 나며 자라, 연근해 수산업에 활기를 불어넣는다. 최근에는 남쪽에서 아열대 어종이 이어도 해역으로 넘어오는 현상을 보이고 있다. 대표적인 어종이 참다랑어다. 이어도 바다는 쌍끌이, 외끌이 대형기선저인망機船底引網•, 근해안강망近海鮟鱇網••, 근해자망•••의 주요 어장이다. 하지만 기후변화와 무분별한 남획으로 어류의 종류와 개체수가 급격히 줄어들고 있다.

• 밑바닥을 끄는 그물을 이용하는 어업방식.

•• 조류가 빠른 해역에서 동력어선을 이용해 긴 자루 모양의 그물을 일시적으로 고정시켜 조류에 밀려온 생선을 잡는 어업방식.

••• 가까운 해역에서 그물을 이용하여 해산물을 잡는 어업방식.

광물·수산자원 외에 해양바이오, 조력·파력 등 에너지자원, 심층수·해수를 이용한 탈염 식수 등 해양수자원, 레저·크루즈·스포츠 등 해양공간자원, 조사·관측·측량 등 해양과학기술자원 등도 점차 연구대상이 되고 있다.

섬이 아닌데 왜 섬이라 부르나

이어도 해양과학기지에 근무자가 상주한다면 섬으로 인정받을 수 있을까. 안타깝지만 답은 '아니다'이다. 수중 암초에 세운 인공구조물은 섬이 될 수 없다. 보통 4면이 물로 둘러싸여 있으면 섬이라고 생각하지만, 섬의 정의는 칼로 베듯 명쾌하지 않다. 예컨대 전라남도의 섬 수도 자료에 따라 조금씩 다르다. 섬을 판단하는 기준이 달라서다.

섬의 기준은 자연법칙보다 사람들이 정한 약속에 따른다. 오스트레일리아는 섬처럼 보이지만 보통 대륙으로 간주하며 그보다 작은 그린란드부터 섬으로 친다.
국제법상 섬은 '바닷물로 둘러싸여 있으며 만조 시에도 수면 위에 있는 자연적으로 형성된 육지 지역'이라 정의한다. 하지만 물 밑이든 위든 평면 위에 고립 돌출된 지형물은 흔히 섬이라 부르곤 한다.
한강 하구 나들섬의 경우 물이 불었을 때는 여(礖)지만 가물거나 썰물로 물이 빠졌을 때는 모래둔덕 섬이 된다. 이어도는 물속 바위이니 이어초(礁)가 맞는 것 아니냐고 말하는 이들도 있다. 이어도의 명칭이 섬이 된 것은 설화 이미지의 은유적 표현이자 문화적 관습이라 할 수 있다.

제2장

소코트라호부터 해양과학기지까지

이어도가 역사 기록에 처음 등장한 것은 1900년이다. 이전에도 중국, 네덜란드, 프랑스, 일본, 러시아 등이 17~19세기 인근 해역을 관측했다는 기록은 여럿 있다. 암초 등 지형물이 언급되기도 했지만, 이어도의 존재나 위치가 명시된 것은 없었다.

영국 P&O 증기선사 소속 상선 소코트라호는 일본 규슈를 출발해 중국 상하이로 가던 중 1900년 6월 5일 오후 9시 40분 암초에 부딪쳤다. 해도에 나타나 있지 않은 미지의 수중 암체, 다름 아닌 이어도였다. 이 때문에 오늘날 국제적으로 통용되는 이어도의 공식 명칭은 '소코트라 암초Socotra Rock'가 되었다.

사고 배 이름 딴 공식 명칭

선박이 항해할 때 가장 두려운 것이 암초다. 배가 암초에 걸려 좌초하는 해상사고가 나면 선체가 파손되는 것은 물론, 인명과 재산 피해도 크다. 그래서 한번 사고가 났던 암초는 차후의 사고 예방을 위해 관측한 뒤 그 위치를 해도에 기재한다. 영국은 이 분야에서 당대 최고의 인력과 노하우를 갖추고 있었다.

19세기는 동인도회사를 앞세운 인도와의 무역이 사양길로 접어들면서 영국이 동중국해를 무역의 주 무대로 삼은 시기다. 당시 영국은 청나라로부터 차, 도자기, 비단을 대량으로 수입했고 싱가포르, 홍콩, 상하이에 거점을 확보해 일본에까지 교역을 확대하고 있었다. 또 1, 2차 아편전쟁을 통해 홍콩, 광저우, 상하이, 톈진 등에

소코트라호의 모습(영국 왕립해양박물관 소장 그림엽서).

무역항과 조차지租借地●를 확보했다.

전 세계가 무대였던 영국에게 동중국해는 낯선 바다가 아니었다. 영국 상선들은 중국과 일본, 동남아를 왕래하며 교역품을 실어 날랐고, 상선은 물론 군함들도 제 집처럼 이곳을 드나들었다. 1896년 건조된 6,000톤급 대형 철제 증기선 소코트라호도 그중 하나였다.

영국은 18세기부터 동중국해는 물론 황해, 동해, 일본 연해에 측량선을 보내 해도를 작성해왔다. 유럽 바다만큼은 아니지만 동중국해의 해도만도 수백 장 보유했던 것으로 알려져 있다. 19세기 후반부터 20세기 초까지는 사실상 영국이 동중국해를 지배했다고 봐야 한다. 영국 해군은 러시아의 남하를 견제한다는 명목으로 남해까지 올라와 1885년 4월부터 1887년 2월까지 거문도를 무단 점령하지 않았던가.

영국 해군 수로국The Admiralty Hydrographic Office은 소코트라호 사고 이듬해인 1901년 7월 왕립 해군 측량선 워터위치호HMS Waterwitch를 파견해 해당 해역의 조사에 나섰다. 수로국은 영국 배가 다니는 전 세계 해도를 작성해 해군 함정은 물론 민간 선박에도 제공했다.

1878년 건조된 760톤급 목선 요트이며 호주, 말레이시아, 싱가포르, 홍콩 등지의 해역에서 측량 임무를 수행해왔던 워터위치호는 1901년 7월 30일 홍콩에서 출항해, 8월 1일 소코트라호가 충돌한 지형물을 찾아냈다. 그 위치를 확인하고 측량한 결과 암초는 5.5m 수면 아래 있는 것으로 조사됐다.

● 한 나라가 다른 나라의 영토를 빌려서 통치하는 곳. 빌린 나라는 통치권만을 가진다.

호주 남쪽 섬 태즈메이니아 호바트항에 정박한 워터위치호 모습(호주 퀸즐랜드대학도서관 소장).

당시 워터위치호가 보고한 좌표는 북위 32분 7초, 동경 125분 11초로, 그로부터 남동쪽으로 정확히 8㎞ 떨어진 현재의 이어도 좌표와 큰 차이가 없다. 영국은 측량 결과를 1901년 8월 2일자 367호 항행통보Notices to Mariners로 특별고시한 뒤 해도와 수로지에 기재했다. 항행통보란 안전 항해를 위해 암초, 사주, 침선, 수중장애물, 해상공사, 군사훈련, 조류·해류, 해저전선, 표류위험물, 해도 정정사항 등을 알리는 간행물이다.

해도에 암초를 기재할 때는 발견 선박의 명칭을 사용하는 것이 관행이었다. 이에 따라 이어도는 '소코트라 암초'로 등재됐다. 통보를 받은 일본 해군 수로국은 1901년 수로고시를 통해 암초의 존재를 알렸는데, 이때 소코트라 암초라는 이름 대신 자신들이 전통적으로 이어도를 지칭해온 '波浪ス(하로스)'란 명칭을 썼다.

영국 해군 수로국의 항행통보에는 소코트라 암초 발견 과정이 기록돼 있다. 1900년 560호 항행통보를 보면 소코트라호는 암초에 부딪쳐 좌초하면서 파손됐지만 침몰할 정도는 아니었다. 소코트라호는 상하이로 귀항해 수리한 뒤 1915년까지 화물운송선으로 운항했다고 한다.

사실 소코트라호 이전에도 이 지역에 대한 암초 보고가 두 차례 있었다. 미국의 태평양 우편 정기선 코스타리카호는 1868년 암초 충돌을 보고했고, 1896년엔 증기선 상하이호의 암초 충돌이 보고됐다. 두 차례 모두 측량선이 나가 조사했으나 암초 위치를 확인하는 데 실패했다.

하로스, 파랑도, 쑤옌자오

지명은 곧 그 장소의 정체성이다. 나아가 국가의 영토적 귀속성을 나타낸다. 한·중·일 세 나라는 각자 문화적 배경과 필요성에 따라 이어도에 자국 언어로 이름을 붙여 사용한다. 독도(일본명 다케시마), 센카쿠열도(중국명 댜오위다오)같이 명칭의 역사성이 영유권, 관할권의 근거로 제시되기도 한다.

일본은 예로부터 이어도를 '하로스'라 불렀다. '파랑波浪을 일으키는 곳'이란 뜻이다. 암초 머리 위에서 백파白波, 즉 하얀 물결을 일으키는 현상을 표현한 말이다. 조선시대 최부의 《표해록漂海錄》(1488)과 이형상의 《남환박물南宦博物》(1704) 등에 '백해白海'라는 지명이 나오는데, 하로스와 일맥상통하는 명칭인 것으로 추정된다. 최부는 "중국으로 가는 제주 서남쪽 바닷길에 파랑이 이는 곳이 있으니 그곳을 백해라 한다"라고 했다.

사실 일본은 오래전부터 이어도의 존재를 인식하고 있었다. 오키나와에는 이어도에 관해 제주도와 유사한 전설도 있다고 한다. 1901년 영국 해군 측량선이 이어도의 위치를 공식 확인, 통보하자 일본은 곧바로 이 암초를 하로스와 일치시켰다.

한국이 공식 명칭으로 지정한 '이어도'라는 지명은 문헌화 이전부터 오랜 구전 전통으로 이어져온 이름이다. 하지만 2000년 명칭 공포 전 널리 알려진 이름은 '파랑도波浪島'였다. 대중이 파랑도의 존재를 인식하게 된 것은 해방 이후 언론보도를 통해서였다.

1947년 10월 22일자 《동아일보》는 이어도를 '파랑서波浪嶼'라고 지칭하며 "태평양전쟁 패전 후 일본이 파랑서 주변 해역을 자신들의 어업구역에 포함시키려는 의도를 드러내고 있다"라며 "이는 침

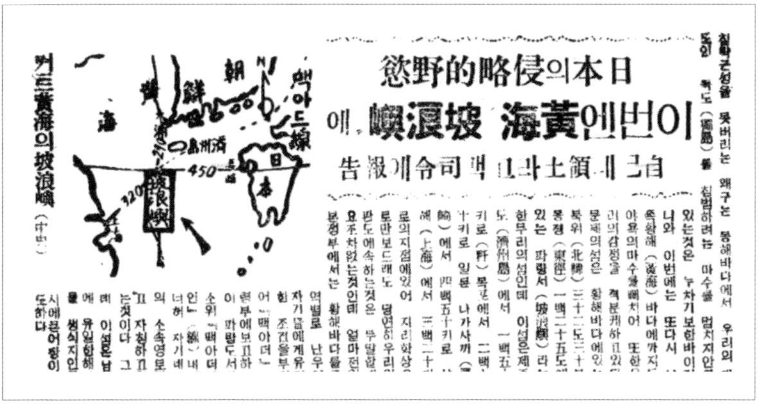
日本의侵略的野慾
이번엔黃海坡浪嶼에
自己네領土라고 司令部에報告

黃海의坡浪嶼

파랑서(이어도)에 관한 《동아일보》 보도 기사(1947년).

략적 야욕"이라고 비판했다.

파랑서의 '서嶼'는 '도島'보다 작은 섬을 뜻하는 한자어다. 두 글자를 붙여 크고 작은 섬이란 뜻으로 '도서島嶼'라는 단어를 흔히 쓴다. 헌법 제3조 "대한민국의 영토는 한반도와 그 부속 도서로 한다"가 그런 예다.

《동아일보》는 파랑서가 "제주도에서 150㎞, 목포에서 290㎞, 나가사키長崎에서 450㎞, 상하이에서 320㎞ 지점"이라고 밝히고 있다. 위치는 다소 오차가 있지만 이어도를 가리키는 것만은 분명해 보인다.

이 보도 이후 우국노인회憂國老人會는 1948년 8월 5일 일본 주재 연합군 최고사령관 더글러스 맥아더 장군에게 "독섬(독도), 울릉도, 대마도(對馬島, 쓰시마), 파랑도가 한국령이므로 한국 영토로 귀속되어야 한다"라는 취지의 청원서를 보내기도 했다. 이 청원서의 실질적 작성자는 역사학자 육당 최남선(1890~1957)이었다. 최남선은 이어도의 일본 명칭 '하로스'를 원용해 '파랑도'란 이름을 붙였다. 그는 당대 최고 지식인이었지만, 제주의 설화·전설 등 구전 문화에 대해 알지 못했기 때문에 그렇게 명명했던 것으로 보인다.

중국은 이어도를 '쑤옌자오蘇岩礁'라 부른다. 한국이 배타적 경제수역을 선포하고 이어도에 해양과학기지를 세울 무렵부터 사용하기 시작한 지명이다. 중국이 이어도에 대해 인지한 것은 사실상 약진호躍進號 침몰 사건 이후다. 1만 5,900톤급 화물선 약진호는 옥수수, 잡화 등을 싣고 1963년 4월 30일 산둥성 칭다오 항을 떠나 일본 모지항으로 항해하던 중 암초에 부딪혀 침몰했다. 그 암초가 이어도였는지는 분명치 않다.

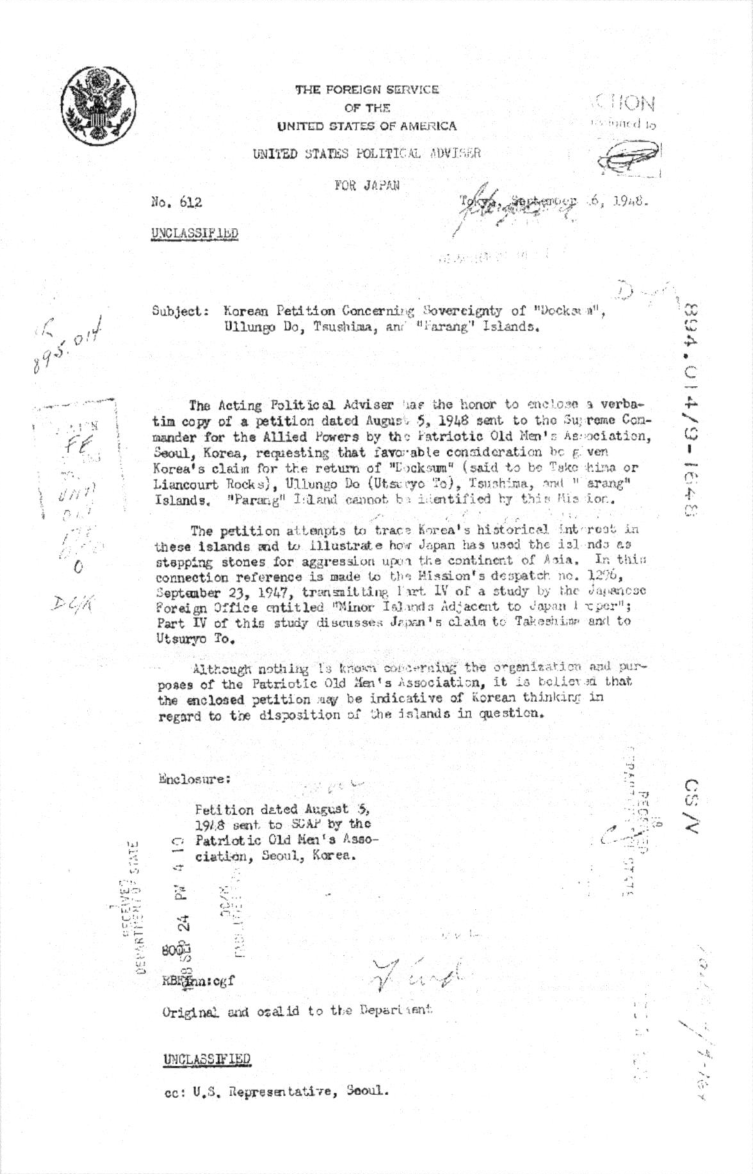

THE FOREIGN SERVICE
OF THE
UNITED STATES OF AMERICA

UNITED STATES POLITICAL ADVISER

FOR JAPAN

No. 612

Tokyo, September 16, 1948.

UNCLASSIFIED

Subject: Korean Petition Concerning Sovereignty of "Docksum", Ullungo Do, Tsushima, and "Parang" Islands.

The Acting Political Adviser has the honor to enclose a verbatim copy of a petition dated August 5, 1948 sent to the Supreme Commander for the Allied Powers by the Patriotic Old Men's Association, Seoul, Korea, requesting that favorable consideration be given Korea's claim for the return of "Docksum" (said to be Takeshima or Liancourt Rocks), Ullungo Do (Utsuryo To), Tsushima, and "Parang" Islands. "Parang" Island cannot be identified by this Mission.

The petition attempts to trace Korea's historical interest in these islands and to illustrate how Japan has used the islands as stepping stones for aggression upon the continent of Asia. In this connection reference is made to the Mission's despatch no. 1296, September 23, 1947, transmitting Part IV of a study by the Japanese Foreign Office entitled "Minor Islands Adjacent to Japan Proper"; Part IV of this study discusses Japan's claim to Takeshima and to Utsuryo To.

Although nothing is known concerning the organization and purposes of the Patriotic Old Men's Association, it is believed that the enclosed petition may be indicative of Korean thinking in regard to the disposition of the islands in question.

Enclosure:

Petition dated August 5, 1948 sent to SCAP by the Patriotic Old Men's Association, Seoul, Korea.

800

KBB:nn:cgf

Original and ozalid to the Department

UNCLASSIFIED

cc: U.S. Representative, Seoul.

894.014/9-1648

CS/V

우국노인회가 맥아더 사령관에게 보낸 서한. 당시 최남선이 영어 번역을 했다고 알려졌다.

중국은 오래전부터 이어도를 장쑤성江蘇省 외해의 암석 해초海礁라는 의미로 '蘇岩礁'라는 이름을 붙여 사용해왔다고 주장한다. 하지만 설득력은 그리 높지 않다. 장쑤성 바깥 바다에 수많은 암초가 있는데 왜 유독 이어도를 '蘇岩'이라고 했는지에 대한 설명이 부족하기 때문이다. 중국은 약진호 침몰 사건을 계기로 이어도를 의식하게 되었을 뿐 이후에도 지속적인 관심은 없었던 것으로 보인다. 이어도의 중국 이름인 '蘇岩(礁)'은 Socotra의 음역인 '蘇格特拉'의 첫 글자 '蘇'와 'rock'의 의역인 '岩'의 결합으로 보는 것이 타당하다.

《아주주간》 등 중국 매체는 중국의 첫 해군에 해당하는 북양수사北洋水師 해도에 '蘇岩(礁)'이 명확히 표기돼 있다고 밝혔다. 그러나 그 해도는 공개되지 않았다. 중국 해군해양측회부대海軍海洋測繪部隊는 "국무원 지시와 해군 명령에 따라 1992년 5월 15일 동중국해 쑤옌자오 측량 임무를 완성했으며, 해양 측량과 해도 제작의 큰 공백을 메워 국가의 해양자원 개발과 이용에 과학적 근거를 제공했다"라고 기록하고 있다. 따라서 쑤옌자오라는 명칭은 1992년 붙여진 것으로 볼 수 있다.

이어도에 인공섬을 짓는다?

섬나라 일본은 메이지 유신 이후 해양 진출에 적극 나섰다. 일본 제국 해군은 20세기 들어 영해뿐 아니라 한반도 일대와 중국 연해까지 활동영역으로 삼았다. 1945년 패전 이후 해양 강국으로 부활한 일본은 이어도에 대해 어떻게 인식하고 있었을까.

주목할 만한 대목은 일본이 이어도를 인공섬으로 만들려는 계획을 세웠다는 사실이다. 인공섬 조성 계획은 전쟁 역사에 묻혀 세상에 잘 알려지지 않았다. 하지만 관련 학자들의 꾸준한 발굴로 그 전모가 드러났다.

일본에서 중국에 이르는 항로에서 암초를 확인했다는 영국의 항행통보를 받은 일본은 1901년 8월 16일자 수로고시 제1250호에 '위험한 암초험초, 險礁 발견' 사실을 게시했다. 고시 내용은 상세하다.

> "북위 32도 7분 15초, 동경 125도 11분 자리에 바다 밑에서 험하게 솟아오른 화산 모양 첨암尖岩 정상에 석화점초탄石花點礁灘이 있고, 그 북동에서 남서에 이르는 길이 약 4분의 1해리, 폭 약 60야드, 그리고 가장 얕은 쪽이 18척이면서도 언제나 더 얕은 부분이 존재한다. 이 탄(灘, 여울)의 남서 끝에서 암파(岩坡, 바위언덕)가 남서 조금 남쪽 방향으로 반 해리에 걸쳐 뻗는다. 그 가장 얕은 부분은 17심이다. 이 여울 위로 격렬한 단조(湍潮, 급류)와 격단激湍이 있고, 북동으로 약 반 해리, 남서로 1해리를 뻗는다. 가장 얕은 곳은 이 여울의 양 끝이라 생각된다. 그 북동 끝에서는 꺾이는 파랑波浪이 보인다. 해수가 질류疾流할 때는 여울 위의 한 면에 파랑이 일어난다. 급류는 1해리 이상 떨어져서도 볼 수 있으며, 태양을 등지고 있을 때는 이 여울 위에 엷은 박록수(薄綠水, 초록빛 물)가 있음을 같은 거리에서 바라볼 수 있다. 이 여울 주위의 바위 언덕은 확연하는 곳을 제외한다면, 약 4분의 1해리 거리이며, 그 사이의 수심은 27심에서 30심에 이르는 사니(沙泥, 모래진흙)다. 그러므로 해저가 화산암과 회진灰塵, 회석화懷石花로 이루어진 곳

까지 닻을 내리는 것은 불가하다. 이 석화점탄石花點灘은 1868년 보고된 코스타리카호의 파랑초破浪礁, 1900년 6월 소코트라호와 같은 해 9월 추엔호의 천탄(淺灘, 얕은 여울), 같은 해 10월 보무베호의 변색수(變色水, 빛깔이 다른 물)와 다분히 같은 것이라 생각된다. 조류는 이 바위 위와 부근에서 강하게 흐른다. 그리고 회전을 한다. 워터위치호가 여기에 접근했을 때는 조류가 1시간 2절의 속도를 보이면서, 남쪽으로 흘러갔다고 한다."

항행통보를 통해 이어도 위치를 확인한 일본이 자국 해군 수로국 측량선을 보내 직접 확인했는지는 알려져 있지 않다. 수로고시 내용이 워터위치호의 보고와 일치한 것으로 보아 당시 탐사는 이뤄지지 않은 것으로 보인다. 또 같은 해에 소코트라호에 이어 두 척의 배가 더 암초 신고를 한 사실을 알 수 있다.

중요한 것은 일본이 영국 해군이 통보한 암초를 자신들이 어렴풋이 파악하고 있던 이어도로 인식했다는 점이다. 일본은 수로고시에서 '위험한 암초'라고 지칭한 데 이어 해도 제1002호엔 '하로스'라고 명시했다. 이어도에 대해 명료한 인식을 갖게 됐다고 할 수 있다.

이후 30여 년간 이어도는 특별한 관심을 받지 못했다. 이어도가 재평가된 것은 1930년대 후반에 들어서였다. '대동아공영권' 건설을 꿈꾼 일본은 동아시아를 넘어 동남아시아까지 침략의 손길을 뻗쳤다. 1937년 중일전쟁이 발발하면서 일본과 중국 본토를 잇는 해저통신선이 절실해졌으며, 그 경로로 나가사키에서 제주도를 거쳐 상하이를 잇는 코스가 유력하게 검토됐다. 그중 나가사키~제주도 코스는 큰 문제가 없었지만, 제주도~상하이 코스는 너무 길어 중간

기착지가 필요했다. 이어도에 대해 알고 있던 일본 기술자들은 이 암초를 중계기지로 활용하자는 아이디어를 냈다. 해저케이블 중계 시설과 함께 등대를 설치하자는 구상이었다. 이어도가 육양陸揚, 즉 해저케이블이 수면 위로 올라오는 지점이 되는 셈이다.

등대가 세워지면 이어도 수면 위로 지름 15m, 높이 35m에 이르는 콘크리트 구조물이 올라앉게 된다. 이어도를 인공섬으로 만든다

전투기 불시착장 계획까지

나가사키-상하이 해저통신선 계획안이 수록된《일본전신전화공사 100년사》해저선 시설사무소편을 보면 놀라운 사실이 발견된다. 이어도에 육양탑을 세워 인공섬을 조성하는 데서 더 나아가, 전투기 불시착장으로 쓰는 방안까지 검토했던 것이다.

건설계획이 추진될 때는 중일전쟁 초기로, 일본 폭격기들이 난징(南京)을 비롯한 중국 중부 지역에 이른바 '도양폭격(渡洋爆擊)'을 벌이고 있었다. 도양폭격이란 본국 기지를 발진한 폭격기가 바다를 건너 목표를 때리는 것을 말한다. 이런 상황에서 이어도 인공섬을 좀 더 넓게 구축해 폭격기 불시착 장소로 활용하자는 제안까지 나왔던 것이다. 해저선시설사무소는 당시 새 포설선을 건조하고 있었는데, 이 배 명칭을 정하기 위해 후보 10개를 놓고 직원 투표를 했다고 한다.

투표 결과 1위는 도요마루(東洋丸)였고, 2위는 소코트라마루(ソコトラ丸)였다. 1위와 2위의 표 차이는 근소했다고 한다. 직원들이 이어도를 중계기지로 삼는다는 계획을 잘 알고 있었고, 인공섬 건설이 큰 관심사였다는 사실을 엿볼 수 있는 대목이다.

는 것이다. 이 계획은 구체적으로 추진되다 태평양전쟁이 일어나면서 무산됐다. 하지만 항해의 장애물일 뿐이었던 이어도에 대한 최초의 지정학적 가치 평가, 실질적 활용 방안이란 점에서 주목할 만한 가치가 있다.

35m 높이 등대가 세워졌다면

일본전신전화공사는 1938년 초 일본 정부로부터 일본 본토와 상하이, 상하이에서 대만으로 이어지는 해저통신선 가설 임무를 부여받았다. 중일전쟁에 따른 군사 목적이었으므로 시급히 시행해야 할 사업이었다. 1870년대 설립된 공사는 제국 시대 일본의 통신선을 깔아온 국책회사였다. 해저케이블 포설鋪設● 기술을 보유한 유일한 회사로서 정부 통제 아래 있었으며, 훗날 합병을 통해 국제전기통신주식회사가 됐다.

이어도의 인공섬 조성계획은 나가사키 항에 있는 이 회사 사료관 자료와 《일본전신전화공사 100년사》에 실려 있다. 해저통신선 계획은 일본 본토에서 상하이까지를 1기로, 상하이에서 대만까지를 2기로 나눴다. 여러 루트를 검토했으나 동중국해를 가로질러 해저케이블을 포설하는 것이 최선이라는 결론이 나왔다. 해저선 시설사무소 루트 측량 조사단은 1938년 7월부터 2달간 나가사키부

● 넓은 지역에 거쳐 설비를 깔거나 설치하는 일.

소코트라 암초를 중계지로 예정한 루트(일본전신전화공사 소장자료).

터 후쿠에지마福江島, 제주도, 화조산도花鳥山島, 상하이, 대만까지 총 2,000㎞를 탐사했다.

그 결과 육양지陸揚地 선정이 핵심 과제로 떠올랐다. 상하이 양쯔강 하구와 일본 본토 사이에서 이용 가능한 섬은 제주도뿐이었다. 그런데 거리가 너무 멀어서 중계시설이 꼭 필요했다. 육양지는 케이블이 직선으로 연결된 최단거리 중 해저 지질이 나쁘거나 수심 변화가 급격한 곳은 피해야 했는데, 당시 기술로는 수압 등의 문제로 수심 300m가 한계였다.

그러던 중 중계기지 후보지로 제주도 남쪽 상하이 방향 90해리 지점의 이어도가 거론됐다. 대양 한가운데 등대 형태의 육양탑을 축조한다는 획기적인 발상이었다. 제주도와 상하이 앞 화조산도가 454㎞인데 이어도에 중계소를 지으면 제주도에서 이어도 구간이 162㎞, 이어도와 화조산도 구간이 276㎞가 된다. 일본-상하이 간 항로상 경계 지점이므로 육양탑에 등대 설비를 하면 항행 안전에도 도움이 될 것이라고 봤다.

중계기지는 해류압, 풍압, 파도의 충격을 감안해 단단한 원통형 케이슨(콘크리트 구조물)을 입체적으로 겹쳐 수면 위 35m 높이로 구축한다는 계획을 세웠다. 나가사키에서 케이슨을 제작한 뒤 현장으로 예인하기로 했다. 탑 상부에는 수밀문水密門•을 단 3단 방을 설치해 해저케이블 육양실, 전화중계기실, 등대실로 쓰기로 했다. 높이 20m까지 파도에 휩싸일 것을 예상해 20~35m에 시설을 두도록 한 것이다.

일본은 일찍이 서양의 등대 건설기술을 수입해 경험을 축적해 왔으며, 대만과 조선 주요 해안에 다수의 등대를 건설·관리해왔다. 이 계획안에는 구체적인 제작·설치 공정과 소요 예산까지 포함돼 있다. 탑 구축을 위해 필요한 장비와 인력은 물론 잠수작업, 창고, 임시막사, 계원 간 신호방식까지 상세히 준비했다. 공기는 3년으로 설정했다. 태풍, 계절풍 등의 영향으로 연중 5개월만 공사가 가능하다고 보았기 때문이다. 육양탑 설립비용은 케이블 설비비를 빼고

• 닫으면 물이 새지 않도록 만든 문. 배의 내부 격벽에 설치한다.

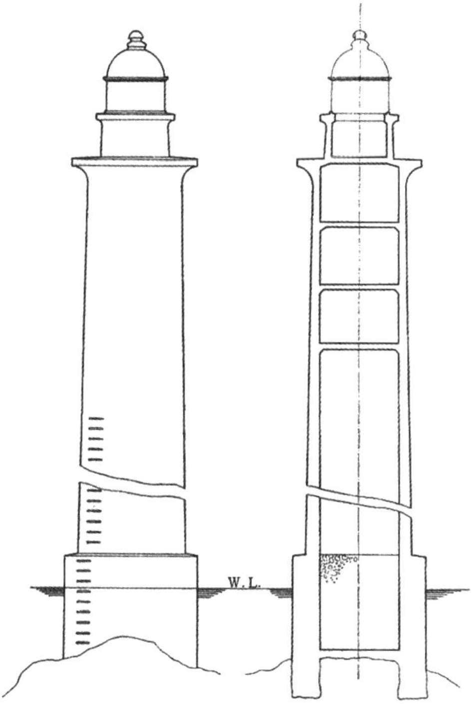

일본이 구상했던 소코트라 암초 위의 육양탑 모형(일본전신전화공사 소장자료).

총 160만 4,000엔으로 추산했다. 2022년 현재 가치로 환산하면 931만 250달러, 한화 121억 8,000만 원에 이른다.

1938년 착수한 나가사키와 상하이 간 해저통신선 가설 계획은 예정 루트 선정과 포설할 전선 실험 등을 거쳐 이듬해 확정됐다. 그런데 전선과 케이슨 제작에 들어가려는 순간 문제가 생겼다. 일본은 당시 미국과의 전쟁을 준비하고 있었다. 이 때문에 태평양 요처인 사이판, 티니안, 얍, 팔라우, 마셜 등 남양군도 각 섬을 잇는 해저통신선 건설이 시급했기에 해저선 포설 공사 선박과 기술자들이 이 지역에 집중 파견되어 나가 있었던 것이다.

비용도 문제였다. 해저선 장거리 포설은 일반 전선보다 훨씬 많은 돈이 드는데, 특별예산 배정이 어려워졌다. 이런 상황에서 1941년 개전하면서 나가사키-상하이 간 해저선 가설 사업은 중단됐다.

해저케이블은 1930년대 동아시아 전역을 연결하는 일본의 거대 통신망 확장 계획의 일환이었다. 그중 나가사키-상하이 간 해저통신선은 이른바 '대동아 통신망'의 핵심이었다. 19세기 말 대만을 식민지로 만든 일본 제국은 1910년 조선을, 1914년에는 남양군도를 강점했다. 1930년 만주국을 건설한 이후 일제 지배세력은 중국 대륙과 동남아까지 지배하에 넣으려 했는데, 광역 통신망은 무력으로 점령한 지역을 효과적으로 관리하기 위한 기반 인프라 사업이었다. 패전 이후 해저통신망 사업은 국제전기통신주식회사에 인계됐지만 더 이상 추진할 수 없었고, 이어도 중계기지 계획도 잊혔다.

만약 이 사업이 조금 일찍 시작되어 이어도에 35m 높이의 육양탑 겸 등대가 세워졌다면 어떻게 됐을까. 역사에 가정은 무의미하다지만, 한국이 해양과학기지를 짓기 60년 전 일본이 건설한 인공섬 시설이 이어도를 차지할 뻔했던 셈이다.

영토회복 과정에서 살려낸 불씨

1901년 소코트라 암초로 명명되고 1938년 일본의 인공섬 조성계획이 추진되는 동안에도 이어도에 대한 한국의 인식은 여전히 진설 속 환상의 섬, 피안의 세계로 남아 있었다. 한국은 언제, 어떻게 이어도의 실체를 확인했을까.

이어도에 대한 관심은 해방 뒤 주권과 영토를 회복하는 과정에서 떠오르기 시작했다. 당시엔 일본식 명칭인 파랑도란 이름으로 인식되었다. 2차 세계대전 종전 후 연합군 총사령부는 1945년 9월, 일본 어선의 활동 가능 해역을 지정한 이른바 '맥아더 라인'을 설정하고, 이 선 바깥에서의 근해어업을 일체 금지했다. 맥아더 라인은 두 차례에 걸쳐 확대됐는데, 이 과정에서 일본은 이어도 해역 추가를 요구했다.

《동아일보》는 1947년 10월, 일본의 움직임을 맹렬히 비판하는 기사를 게재했다. 기사는 일본이 요구한 구역을 '파랑서 해역'이라고 명시했다. 이 보도는 우익 진영 사회단체 우국노인회가 맥아더 연합군 총사령관에게 독도, 울릉도, 대마도, 파랑도가 한국 영토로 귀속돼야 한다고 요구하는 청원서를 보내는 데 결정적 역할을 했다.

청원서를 작성한 최남선이 해방 전부터 파랑도에 대한 인식을 갖고 있었는지는 불분명하다. 현대사 연구자들은 《최남선 전집》 등 문헌을 통해 그가 이전부터 파랑도를 알고 있었다는 근거는 찾을 수 없다고 보고 있다. 그렇다면 최남선은 《동아일보》 보도에 근거해 청원서를 썼을 가능성이 높다. 이 문제는 곧이어 태평양전쟁 전후 처리를 위한 일본과 연합국 간 협상으로 이어진다.

미국 국무부는 1951년 4월 샌프란시스코 강화조약 초안을 한국을 포함한 48개 관련국 정부에 보냈다. 한국 정부는 외교위원회를 구성해 요구사항 등을 논의했다. 당시 위원회가 가장 주목한 것은 일본인이 남기고 돌아간 재산, 즉 적산敵産 처리 문제였다. 미군정을 마감한 일본 정부가 재산 반환을 요구할 것을 우려했기 때문이다. 그 과정에서 영토에 관한 조항은 상대적으로 큰 관심을 받지 못했다.

한국 정부의 대응을 주도한 것은 제헌 헌법 초안을 쓴 법학자 유진오(1906~1987)였다. 외교위원회 위원이던 그는 역사적으로 영토 주장을 할 수 있는 섬에 대한 자문을 받기 위해 최남선을 찾아갔다. 최남선은 독도의 내력을 설명한 뒤 이승만 대통령이 우리 영토라고 주장한 대마도에 대해서는 부정적인 의견을 제시했다. 그러면서 파랑도에 대해 이렇게 말했다.

"우리나라 목포와 일본 나가사키, 중국 상하이를 연결하는 삼각형 중심쯤 해중海中에 '파랑도'라는 섬이 있는데, 표면이 얕아서 물결 속에 묻혔다 드러났다 한다. 차제에 그곳을 우리 영토로 확실히 해두는 것이 좋겠다."

그의 조언에 따라 한국 정부는 대마도, 독도와 함께 파랑도를 영토로 요구했다. 하지만 1952년 4월 28일 발효된 협상 최종안에서는 대마도와 독도, 파랑도가 모두 빠지고 제주도, 거문도, 울릉도만 한국의 영토로 인정됐다. 한국 정부가 미국 측이 요구한 근거자료를 제시하지 못한 결과였다. 당시 한국대표단은 파랑도의 위치조차

July 19, 1951

Your Excellency,

I have the honor to present to Your Excellency, at the instruction of my Government, the following requests for the consideration of the Department of State with regard to the recent revised draft of the Japanese Peace Treaty.

1. My Government requests that the word "renounces" in Paragraph a, Article Number 2, should be replaced by "confirms that it renounced on August 9, 1945, all right, title and claim to Korea and the islands which were part of Korea prior to its annexation by Japan, including the islands Quelpart, Port Hamilton, Dagelet, Dokdo and Parangdo."

2. As to Paragraph a, Article Number 4, in the proposed Japanese Peace Treaty, my Government wishes to point out that the provision in Paragraph A, Article 4, does not affect the legal transfer of vested properties in Korea to the Republic of Korea through decision by the Supreme Commander of the Allied Forces in the Pacific following the defeat of Japan confirmed three years later in the Economic and Financial Agreement between the Republic of Korea and the United States Military Government in Korea, of September 11, 1948.

3. With reference to Article 9, my Government wishes to insert the following at the end of Article 9 of the proposed Peace Treaty, "Pending the conclusion of such agreements existing realities such as the MacArthur Line will remain in effect."

Please accept, Excellency, the renewed assurances of my highest consideration.

You Chan Yang

His Excellency
Dean G. Acheson
Secretary of State
Washington D C

1951년 양유찬 주미 한국대사가 애치슨 미 국무장관에게 보낸 서한.

적시하지 못했던 것으로 알려졌다.

이 협상 과정은 미국과 한국 언론에 보도되었지만 연합국이 아닌 '특별상태국'으로 분류된 한국은 실효성 있는 대응을 할 수 없었다. 협상 참여 자체가 양유찬 주미 한국대사의 강력한 요구로 겨우 성사된 상황이었다. 한국은 어업권 보호를 위해 맥아더 라인 존속을 주장했으나 이 또한 무위에 그쳤다. 그러나 이와 같은 일련의 영토회복 과정은 이어도에 관해서는 긍정적 영향을 미쳤다. 파랑도를 직접 찾기 위한 탐사가 개시된 것이다.

'파랑도 열망' 두 번의 실패

한국 정부와 민간단체들이 이어도 탐사에 나선 결정적 동인은 새로운 영토에 대한 갈망이었다. 제주도 남쪽 바다에 파랑도라는 미지의 바위섬이 있다고 생각했던 것이다.

첫 탐사 시도는 샌프란시스코 강화조약에서 파랑도가 영토에서 배제된 직후였다. 샌프란시스코 조약은 6·25 전쟁 와중인 1951년 9월 8일 조인됐다. 그로부터 불과 열흘 뒤인 9월 18일 부산 피란정부 문교부는 국방부, 한국산악회와 함께 '파랑도 학술조사대'를 꾸렸다. 조사대는 문교부, 국방부, 해군본부 관계관 6명을 포함한 학술반 30명, 제주도청 관계자 20명, 잠수팀 8명 등 58명으로 구성됐다. 조사대를 태운 해군 경비정 901호정LST은 9월 20일 부산항을 출항, 제주도를 거쳐 탐사에 나섰다.

문교부는 공문서상 탐사 목적을 '초등학교 지리부도 표기 확인사항', 국방부는 '국방상 국토해역 확인사항'이라고 적었다. 이어 "제주도 모슬포 남방 91리 해상에 있다는 무인도(해도 위치표기 Socotra Rock, 북위 32.35도, 동경 120도)를 학술적으로 확인, 조사하기 위함"이라고 부기했다. 당시 한국은 해도를 제작하지 못했으므로 언급된 해도는 미군 해도였던 것으로 보인다.

9월 22~23일자 《조선일보》와 《동아일보》는 파랑도 학술조사대가 파랑도를 찾아 나섰다는 기사를 실었다. 좀 더 상세한 내용은 《한국산악회 30년사》에 실려 있다. 조사대는 이틀간 탐사를 벌였으나 끝내 섬을 발견하지 못하고 단념하고 돌아왔다.

파랑도 탐사대 귀환 넉 달 뒤인 1952년 1월 18일, 한국 정부는 이승만 대통령 명의로 국무원 포고 제14호 '인접 해양에 대한 주권에 관한 대통령 선언', 일명 '평화선'을 선포했다. 샌프란시스코 조약 발효와 함께 맥아더 라인이 소멸됨에 따라 일본 어부들의 한국 해역 침범을 막을 경계가 필요했다. 한국의 어업 기술과 선박 보유가 일본에 크게 뒤떨어진 상황에서 나온 자구책이었다. 이 평화선은 동쪽 경계선에 독도를 집어넣고 남쪽 경계선을 파랑도 바로 아래로 설정했다. 파랑도를 해양영토로 간주하겠다는 의지의 표현이었다. 한국 정부는 당시 파랑도를 '바위로 된 작은 섬'으로 인식하고 있었다. 한국은 200해리 수역과 해저 대륙붕에 관한 주권을 선언하면서 일종의 배타적 어로수역으로 상정했다.

평화선 선포는 한일 양국이 파랑도를 영토, 수산업, 군사적으로 중요한 해역으로 인식하고 있었다는 방증이기도 하다. '이승만 라인'

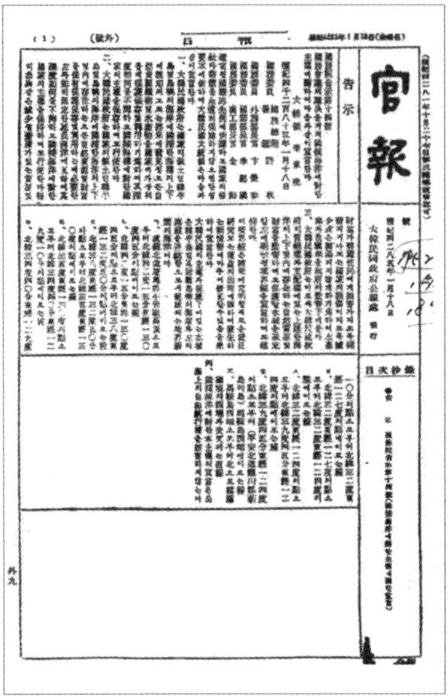

官報

告示

관보에 실린 '인접 해양에 대한 주권에 관한 대통령 선언'. '평화선' 또는 '이승만 라인'으로도 알려졌다.

이라 불린 평화선은 1965년 6월 한일기본조약 체결과 함께 폐지됐다.

두 번째 이어도 탐사는 1973년 이뤄졌다. 그런데 해양영토 회복이라는 명확한 목적의식이 있었던 1차 탐사와는 그 경위가 사뭇 달랐다. 일의 전말은 이렇다. 1973년 6월 5일 '한국대학 이사장'이란 직함을 밝힌 한관섭이 제주도에 '공유수면 점용허가 신청서'를 냈다. 점용 장소는 제주도 서남방 177.6㎞ 지점 상파서와 178.4㎞ 지점 하랑서 등 2개 섬이었다. 면적도 표시했는데 상파서가 520ha, 하랑서가 392ha라고 했다.

제주도 당국은 교통부 수로국에 문의했다. 교통부는 제주지방해운국에 신청자를 면담하고 전후 사실을 확인하도록 했다. 그런데 제주지방해운국장은 6월 20일 "신청자는 직업과 주거 미상이라 찾을 수 없고, 자신이 알고 있는 섬을 이용하겠다고 신청한 것이 아니라 해도를 보고 적당히 적어낸 것"이라는 취지로 보고했다. 제주도가 내무부에 이런 사실을 보고하자 내무부는 사실관계를 확인하라는 지시를 내렸다. 이에 따라 제주도는 서남쪽 177㎞ 지점 공해상에서 발견되었다는 상파서, 하랑서 확인 탐색을 위해 교통부와 해양

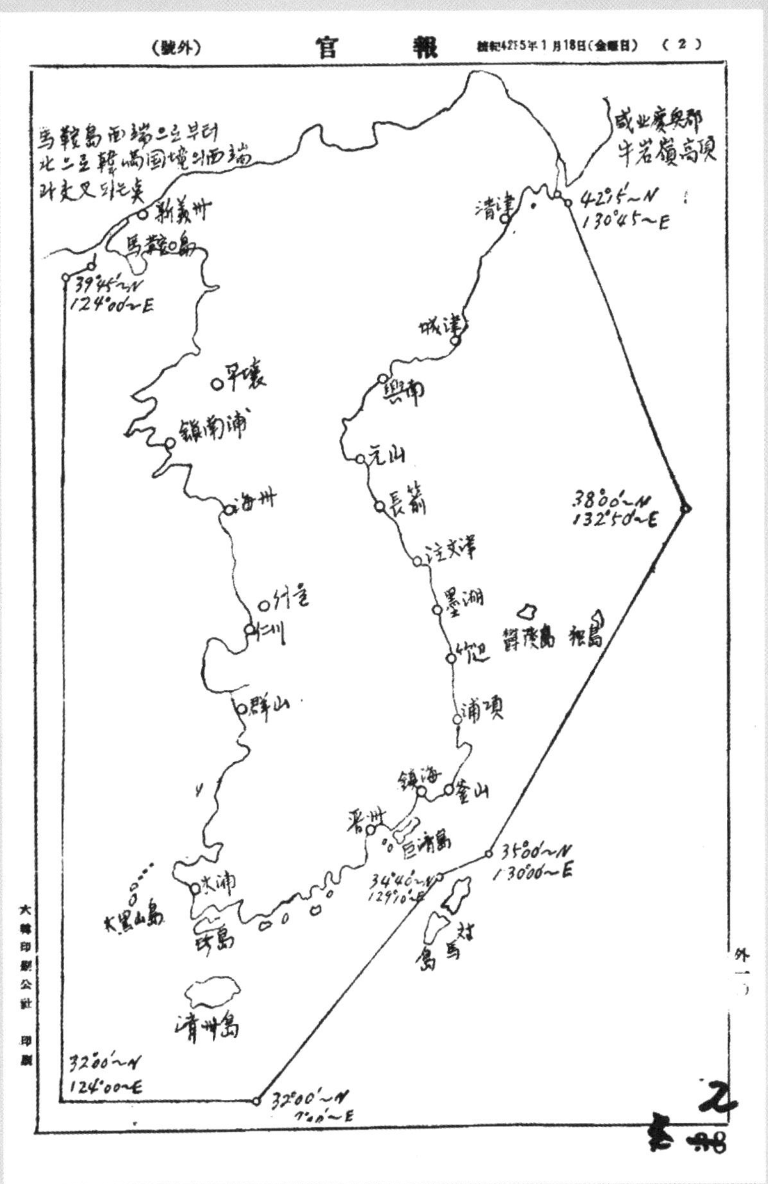
(號外)
官 報
(2)
馬鞍島西端으로부터
北으로 韓滿國境의西端
과交叉되는点
新義州
39°45'N
124°00'E
咸北慶興郡
牛岩嶺高頂
清津
42°15'N
130°45'E
城津
興南
平壤
鎭南浦
元山
海州
長箭
38°00'N
132°50'E
注文津
墨湖
仁川
鬱陵島 獨島
竹邊
群山
浦項
鎭海
釜山
巨濟島
35°00'N
130°00'E
34°40'N
129°10'E
木浦
大黑山島
珍島
對馬島
濟州島
32°00'N
124°00'E
大韓印刷公社 印刷

관보에 실린 지도.

경찰대에 지원을 요청했다. 제주도로부터 요청을 받은 교통부 수로국은 측량선인 제3수로호를 타고 6월 26~30일 제주도 남방 탐색에 나섰다. 하지만 주변 해역에서 섬 또는 노출암을 확인하지 못했고, 일기가 나빠 적절한 지점에서 수심 측량조차 하지 못했다. 이름과 위치, 면적까지 적시된 상파서·하랑서는 결국 민원신청인의 상상력의 소산이라는 결론을 내릴 수밖에 없었다.

1960~1970년대 박정희 정부에서는 파랑도보다 파랑초波浪礁라

전투기 조종사가 봤다는 파랑도는?

1951년 9월 1차 파랑도 탐사 당시 제주도 공무원들이 민간에서 수집한 '유력한' 정보를 조사대에 제공했다. 일본군 폭격기 조종사로 복무했던 사람의 증언을 제주도민들로부터 전해 들은 것이었다.

얘기인즉 파랑도는 "해조 간만에 따라 해면이 부침하는 암초이며, 섬 위에 수림과 산정에 연못이 있다"라는 것이었다. 일제강점기 말에 징병돼 전투기 조종사가 된 제주도민이 중국 출격 길에 하늘에서 고향 마을을 내려다봤다는 증언도 있었던 만큼, 그럴듯한 얘기였다. 아마도 그 조종사는 제주도에 살 때 숲과 연못이 있는 이어도 전설을 들었을 것이다. 하지만 그가 누구였는지는 밝혀지지 않았다. 조사대 보고서는 섬을 발견하지 못해 철수했다고 기록했다. 그런데 《한국산악회 50년사》에는 조금 다른 내용이 실려 있다. 함정이 파랑도 위까지 접근했지만 풍랑이 심해 직접 내려가 조사하지 못했다고 되어 있다. 대신 "영토 표지 동판을 가라앉히고 돌아왔다"라고 했으나, 정확한 이어도의 위치였는지는 확인할 길이 없다.

는 이름이 더 많이 사용됐다. 간출지干出地에 대한 국제법규를 규정한 1958년 영해 및 접속수역에 관한 제네바협약과 유엔해양법 등의 영향이다. 간출지는 만조 시 수면 아래 있으나 저조 시 수면 위로 나오는 해상의 육지를 말한다. 박정희 정부는 특히 파랑초와 일향초를 주목했다. 일향초는 현재 2호 해양과학기지가 건설된 가거초다. 해양기선 설정과 인공 기지 건설의 정책 방향이 이때부터 잉태되고 있었던 것이다.

"파랑섬 찾기는 바다 밑 동전 줍기"

"파랑섬을 찾겠다는 것은 바다 밑에 떨어진 동전을 줍겠다는 것과 다름이 없다." 1973년 6월 26~30일 2차 파랑도 탐사를 지휘한 교통부 수로과장의 말이다. 당시 탐사에 동행한 《동아일보》 기자는 실패 사실을 전한 기사를 이렇게 시작했다.

7월 2일자로 보도된 이 기사의 제목은 '전설로 끝날 파랑섬', 부제는 '제3수로호의 해도상 암초 2차 조사 10시간 결산'이다. 기사는 인천에서 출발해 장맛비를 뚫고 사흘을 달려 문제의 해역에 도착한 탐사선 활동을 생생히 전하고 있다. 탐사선은 "사방 100평방마일을 지그재그로 누비며 10시간 탐사했으나 눈에 보이는 것은 동지나 해의 거친 파도뿐이었다"라고 했다. 레이더와 수심탐지기를 동원했으나 탐사 목표인 '해도상 소코트라 록' 수중 암초 위치 확인은 실패했다고 보도했다. 기사는 "한 제주도 노인이 어렸을 때 들은 파랑섬에 어부들이 피항했었다는 전설과 옛날 해도를 보고 봉이 김선달식 점용허가를 낸 것이 빌미가 된 탐사"였다며 "이제 파랑섬은 제주 어민들의 전설 속에서나마 명맥을 유지할 섬에 지나지 않을 것"이라고 마무리했다.

마침내 찾은 이어도

파랑도 탐사가 재개된 것은 1980년대 들어서였다. 앞선 두 차례 탐사가 정부 주도였던 것과 달리 이번에는 민간이 나섰다. KBS 방송국이 탐사를 제안하고 제주대학교 해양대학 교수진이 힘을 합쳤다. 조사단은 국립수산진흥원 소속 1,200톤급 탐사선을 타고 1984년 3월 16~19일과 5월 8~11일 두 차례에 걸쳐 탐사를 벌였다. 모선이 정박한 사이 50톤급 소형 선박을 동원해 파랑도에 접근했다.

1차 조사단은 파랑도 위치를 확인하는 데 성공했으나 기상 악화로 학술조사는 하지 못했다. 언론인과 국립수산진흥원, 해양연구소 전문가들이 합류한 2차 조사단은 마침내 파랑도의 규모, 수심, 지질, 생물 등에 대한 측량·탐사에 성공했다. 해방 이후 30여 년간 지속된 이어도에 대한 열망과 탐사 노력이 결실을 보는 역사적인 순간이었다.

체계적인 학술조사가 벌어지면서 전문 분야별 연구를 모은 종합보고서도 나왔다. 보고서는 해수의 특성과 유동성 등 해양물리, 해저지형, 해저지질, 해양생물 등으로 나눠 작성됐다. 이 탐사 활동은 미디어의 집중적인 조명을 받았다. KBS는 3~5월 지속적으로 탐사 내용을 전국 텔레비전 방송을 통해 뉴스로 내보냈으며, 탐사에 직접 참여했던 기자들이 전한 기사와 사진이 전국 신문에 보도됐다. KBS는 6월 15일 《여기가 파랑도》라는 50분짜리 특집 프로그램을 제작해 방송했다. 이 프로그램은 이듬해 캐나다에서 개최된 밴프 다큐멘터리 페스티벌에 《파랑도》라는 제목으로 출품됐다.

「환상의 섬」에 발을 디뎠다

5m 물속 스쿠버다이빙으로 확인

本社 이어島 取材팀 凱歌

"이어島를 본사람은 살아돌아오지 못한다"

탐사선 歸路에 난파… 九死一生

視界20cm 銀白色암초群… 굴·산호 한아름 안고 솟구쳤다

◇水中탐사나서는 本社記者 본사 權周勳 기자(◎)는 탐사대원의 일원으로 물속에 잠겨 모습을 드러내지 않는 이어도를 수중탐사했다.

1984년 파랑도 탐사에 대한 《한국일보》 보도 기사.

그 사이 민간단체의 수중탐사도 이뤄졌다. KBS와 제주대 조사단의 1·2차 탐사 중간 시점이었다. 한국해양소년단 제주연맹 탐사대 13명은 《한국일보》와 함께 1984년 4월 7~9일 이어도의 실체

를 재확인하는 성과를 거뒀다. 특히 탐사대는 제주도의 정체성을 살려 파랑도 대신 이어도란 명칭을 사용했다. 강도 높은 다이빙 훈련을 한 잠수대원 8명이 어군탐지기로 수심을 측정해 수면 아래 섬 모양을 그렸다. 그 결과 남쪽이 급경사인 부채꼴 모양으로 수심 10~20m의 봉우리 100여 개가 있는 지형을 확인했다.

이후 건설교통부 수로국은 1986년 10월 이어도 해역에 대한 조사를 벌였다. 이어도에 고정 구조물을 설치하기 위한 정밀측량 목적이었다. 해운항만청은 1987년 11월 '이어도 등부표'를 설치하고, 한국 정부는 등부표 설치 사실을 국제적으로 공표했다. 등부표는 선박 항해 위험을 알리는 항로표지 부표다. 1989년 여름에는 두 차례에 걸쳐 제주 MBC가 다큐멘터리 제작을 위해 이어도를 탐사했다. 건설교통부 수로국은 1992년 2차 정밀측량을 벌였다. 일련의 과정을 거쳐 1994년 이어도 해양과학기지 건설 계획이 입안됐다. 이어도 해역의 해양학, 수산학, 기상학적 가치와 구조물 건조 여건을 검토한 뒤 내려진 결정이었다. 그에 이어 1995년에는 해양수산부가 해저지형 파악과 조류 관측 등 현장 조사에 착수했다. 해양과학기지 설치 사전작업이었다.

1990년대 후반에는 한·중 어업협정 교섭 과정에서 이어도 주변 수역이 소홀히 취급되고 있다는 점이 여론화되었고, 이에 따라 제주도는 1999년 5월 이어도에 수중 표석을 세워 이어도 수역에 대한 국민적 관심을 호소했다. 표석에는 '제주인의 이상향 이어도는 제주 땅'이라 새겼다.

제주도와 제주인들은 이어도를 정신, 문화, 역사의 상징으로 여

이어도 등부표 설치.

겨왔다. 그래서 파랑도로 불리던 시절에도 이어도라는 명칭을 고수했다. 한국해양소년단 제주연맹이 '이어도 탐사'라 명시한 것도 같은 맥락이다. 제주도는 2000년 10월 제주도지명위원회를 열어 "해도에 표시된 소코트라 암초의 이름을 이어도Ieodo로 변경하는 것이 타당하다"라고 결정했다. 위원회는 고유 지명 사용이 이어도를 해양영토로 편입해 해양주권을 지키는 첫걸음이라고 판단했으며, 제주도는 건설교통부 국립지리원(현 국토교통부 국토지리정보원)에 지명 변경을 공식 건의했다. 그리고 국립지리원은 그해 12월 중앙지명위원회를 열어 제주도의 건의를 수용했다. 이에 따라 해도상 소코트라 암초라는 지명은 이어도로 바뀌었고, 국립해양조사원이 2000년 12월 30일 '이어도'를 지명 고시함으로써 마침내 공식 명칭으로 통용되게 됐다.

이어도는 오늘날 해양과학기지를 떠받치고 있는 현실이지만 그 실체를 확인하기 전까지는 신화일 뿐이었다. 이어도를 한낱 '전설 속 환상의 섬'이라고 생각했다면 실체 확인은 이뤄질 수 없었다. 신념을 공유한 한국 정부와 민간 사회단체, 방송국, 학계의 협업이 있었기에 가능했던 일이다. 그들의 탐사 동기에는 새로운 섬을 발견하고 우리 해양영토임을 대내외에 밝히려 한 국토수호의 열정이 자리 잡고 있었다. 역사의 소용돌이 속에 망국의 설움을 겪은 정부와 국민들의 의지가 밑거름이 되어, 이어도는 현실의 실체로 우리에게 다가왔다.

물속 바위, 카메라에 잡히다

수중 이어도 사진이 처음 찍힌 것은 1984년 4월 7~9일 한국해양소년단 제주연맹 탐사 때였다. KBS와 제주대 조사단의 이어도 위치 확인 직후 이뤄낸 개가였다. 탐사대는 오랜 준비 끝에 이어도 해역에서 고기잡이하는 어선을 수소문해 찾아냈다. 20톤급 강원도 어선 여진호가 모선이 되고 5톤급 스쿠버선 2척이 함께 출항했다.

7일 아침 제주도 한림항을 출발한 탐사대는 28시간 만인 8일 오전 11시 현장에 도착했다. 대원들은 차례로 잠수해 봉우리 일대를 탐색했다. 탐사대엔 《한국일보》 기자들이 동행 취재했다. 《한국일보》는 4월 11일자 1면에 한국일보기가 꽂힌 사진과 함께 전설의 섬 이어도 수중 확인에 성공했다고 전했다.

수면 아래 이어도의 봉우리는 과연 어떻게 생겼을까.

수중 촬영 사진을 보면 누구나 예상하듯 울퉁불퉁 둥글고 단단한 바위다. 이어도 바다는 파도가 워낙 거세 바위 표면에 해조류가 많지 않은 것으로 알려져 있다. 하지만 수중 사진을 보면 해조류가 아주 없는 것은 아니다. 바위에 붙어사는 고둥, 불가사리 등도 있다.

해양소년단 탐사대는 귀항하던 9일 새벽 풍랑을 만나 스쿠버선이 침몰하는 사고를 당했다. 대원들은 구사일생으로 모선에 옮겨타 화를 면할 수 있었다. 기사는 "이어도를 본 사람은 살아 돌아오지 못한다는데, 마침내 전설을 깨고 자신의 모습을 본 사람을 살려 보냈다"라고 전했다.

◇「이어島」에 꽂은 本社旗 전설속의「이어도」가 현실속의「이어도」로 확인된 역사적순간. 본사취재팀과 한국해양 소년단은 수면 아래 최고5m 높이로 솟아있는 水中의 이어도 바위위에「탐험성공」의 기를꽂았다. 【裵東勳기자】

傳說의 섬「이어도」… 本社팀 水中확인성공

한국 해양소년 探査團과 함께

【이어島=韓基擧기자】 이어島는 분명히 거기에 있었다. 濟州人의 마음속에 전설로, 전설로 이어져 내려온 환상의 이섬은 신비를 더하려는듯 바닷속에 실체를 감추고 끝내모습을 드러내지는 않았다. 그래서 이 이어島를본사람은 아무도 없었으나 분명거기에 있어 전설은이제 현실로드러났다.

「한국의 아틀랜티스」로불리는 이어島를 찾기위해 대장정에 오른 한국 해양소년단(총재李鍾緣)과 본사 취재팀은 지난 8일 상오7시 이어島로 추정되는 파랑도(해도상에는 소코트라·록으로 표기)를 찾아내는데 성공, 흥분과 설렘속에 전설이 깨지는 아픔을 겪었다.

제주 西歸浦 서남방 82해리(1백78㎞)밖 동경1백22도10분,북위32도7분에 위치한 파랑도는 지난51년과 73년,정부의 두차례에걸친 대규모 탐험이 실패로끝난 태풍의 길목으로 알려진 곳이다. 6톤급 탐사선에 본사취재팀을 포함한 12명의 대원들은 사상처음으로 이 파랑도해역에, 스쿠버다이빙, 물속에 잠긴 이어島의 형태를밝혀내고 본사 깃발과 해양 소년단기를 이어島정상에 꽂은것이다. ★10면계속

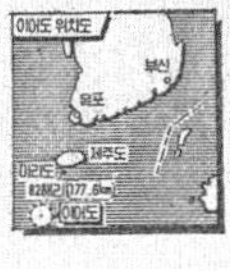

한국해양소년단 제주연맹 이어도 탐사 성공 관련 보도 기사.
(《한국일보》 1984년 4월 11일자)

제3장

신화와 과학이 만나다

이어도의 실체가 밝혀지기 이전에도 이어도는 사람들의 마음속에 존재했다. 제주도 주민들에게 이어도는 바다 너머 어딘가에 있는 죽음 저편의 세계, 이상향이었다. 그런 이어도는 오래전부터 민요로, 전설로 구전되어왔다.

'이어도離於島'라는 이름이 언제, 어떤 연유로, 누구에 의해 지어졌는지는 분명치 않다. 제주의 구전 민요, 설화, 전설, 민담, 신화에서 유래했다는 것이 정설이다. 입에서 입으로 전해져온 우리말을 한자어로 음차했다는 추론이다. 이어도라는 명칭이 통일되어 있었던 것도 아니다. 공식 명칭이 된 이어도 외에 이여도, 이허도, 여도 등도 사용되었다.

이여도, 이허도, 여도, 이어도

우리 문헌상 가장 오랜 기록은 이용호(1842~1905)의 《청용만고聽春漫稿》(1897)에 나오는 '이여도離汝島'다. 이용호는 제주도 유배 시절 쓴 글에서 이여도를 언급한다. 이여도를 직역하면 '너를 떠나보낸 섬'이 된다. 거친 바다에 나가 사고가 잦았던 뱃사람과 가족의 결별을 노래하는 민요의 내용이다.

또 다른 기록으로 '이허도離虛島'가 있다. 일제강점기 문인 강봉옥은 1923년 2월 문예지 《개벽》 23호에 제주도에서 채록한 민요를 소개했다. 강봉옥은 〈제주도의 민요 오십수, 맷돌 가는 여성들의 주

《청용만고》(이용호 저, 현행복 역) 원본 표지(문예원 출판사 제공).

고받는 노래〉란 글에서 제주 민요 속 이어도를 이허도로 표기했다. 그는 "이허도는 제주도 사람의 전설에 있는 섬"이라고 설명했다.

일제강점기 일본의 민족지학자民族誌學者 다카하시 도루高橋亨(1878~1967)는 제주도를 방문해 자료조사를 했다. 이를 바탕으로 1933년 《조선》 2012호에 〈민요에 나타난 제주여성: '이허도' 전설〉이란 논설을 발표했다. 그는 이 글에서 《고려사지리지》를 참고해 이허도 전설을 구성했다고 밝혔다.

'여도'라는 명칭도 있다. 제주도 조천읍 조천리 남자 무당 정주병의 본풀이 '장귀동산 일뢰한집'을 채록한 기록에 나타난다. 여도는 이여도를 줄여 쓴 것으로 보인다. 육지 가까운 곳의 물속 바위를 '여礖'라 하는데, 이 말에서 여도가 연유한 것이라는 추정도 있다.

시대 흐름을 보면 명칭은 '이여도 → 이허도 → 여도 → 이어도'의 변이를 거친 것으로 보인다. 이어도라는 명칭은 주로 시, 소설 등 문학작품이나 텔레비전, 라디오 등 대중매체를 통해 알려지기 시작했다. '환상의 섬'이라는 이미지 형성에 큰 영향을 미친 것은 소설이었다.

1974년 발표된 이청준의 소설 《이어도》가 대표적인 작품이다. 《이어도》는 이어도 탐사 과정을 소재로 한 소설이다. 이어도의 실체를 확인하려는 해군 정훈장교 선우현 중위와, 이어도는 허구의 섬이지만 어떤 진실성을 내포한다는 믿음을 가진 천남석 기자를 중심으로 줄거리가 전개된다. 이 소설은 1951년과 1973년 탐사 활동을 토대로 구성한 것으로 보인다. 실패로 끝난 두 차례의 탐사에, 제주도 사람들 사이에 오래전부터 전해 내려오는 설화가 더해지면서 흥미

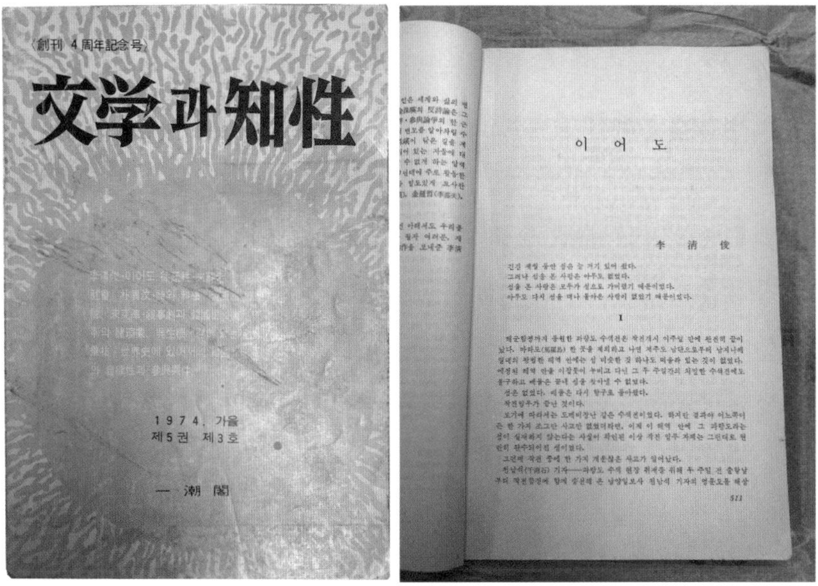

1974년《문학과 지성》에 실린 이청준의《이어도》.

와 호기심을 자아낸다. 중요한 것은 현실 속 파랑도와 전설 속 이어도가 하나의 이미지로 겹치는 계기가 되었다는 점이다.

이 소설이 나온 것은 이어도가 파랑도로 불릴 때였다. 1, 2차 조사가 모두 파랑도를 찾아 나선 탐사였다. 그럼에도 작가는 제주도에서 구전된 이미지를 끝까지 놓지 않았다. 그래서 당시로선 낯선 '이어도'를 제목으로 삼았다. 신화와 과학이 팽팽한 긴장을 유지하다 결국 만나게 되는 구성이라 할 수 있다.

소설《이어도》는 제주의 이어도 이미지 재생에 큰 영향을 미쳤다. 제주도 주민들이 갖고 있던 이상향으로서 이어도와 해군 함정을 타고 실재의 섬 파랑도 탐사를 나간 이들의 갈망을 적절히 뒤섞어, 이어도에 대한 대중적 관심과 탐사 열망을 높이는 실질적 효과를 낳았다. 대중의 기대에 힘입어 박정희 정부는 1977년부터 파랑초 영유권 문제를 본격적으로 검토하기 시작했다.

이후 소설을 바탕으로 영화 《이어도(異魚島, I-eoh Island)》가 제작됐고, 1983년 3월에는 드라마로 제작되어 KBS 《TV문학관》을 통해 방영됐다. 제주 MBC는 1989년 9월 이어도 관련 무가를 채록, 방영했다. 유네스코 세계 무형문화유산으로 등재된 제주칠머리당영등굿 기능보유자 안사인이 용왕국 본풀이 굿에 나오는 〈이어도 무가〉를 불렀다. 이런 일련의 작품들은 이어도가 대중의 인식 속에 자리하는 데 중요한 역할을 했다.

이어도를 소재로 한 첫 소설은 이시형의 〈イヨ島(이여도)〉(1944)다. 제주농업학교 교사였던 이시형이 일본어로 발표한 이 소설은 민요와 전설을 개작해 어부들이 폭풍우를 만나면 가는 곳이 이어도이며, 한번 가면 돌아오기를 잊어버리는 용궁과도 같은 극락의 세계로 묘사했다.

1960년 《자유문학》에 발표된 정한숙의 소설 〈IYEU島〉는 한마을에 사는 친구 세 명이 어릴 적 부모 몰래 배를 타고 나갔다가 이틀 만에 구사일생으로 돌아오는 경험담을 통해 이어도는 먼 곳이 아니라 해안가 디딤바위가 있는 곳이라고 했다. 이어도연구회는 2009년 이어도 관련 시 모음집인 《또 하나의 제주 섬, 이어도》를 펴냈다.

"이어도요? 횟집 아니에요?"

"이어도 아세요?"라고 물으면 "횟집 아니냐"고 대답하는 사람이 의외로 많다. 그렇다. 이어도는 횟집뿐 아니라 한식당, 일식당, 해물탕집, 생선구이집, 참치집, 복어요리점, 포장마차, 뷔페 등 식당·수산업체의 상호로 흔히 쓰인다. 물론 제주도에서 유난히 많이 보인다.

음식점뿐 아니라 이어도민속예술단, 극단 이어도, 이어도환경사진연구회, 이어도문화센터 같은 문화예술단체나 이어도지역자활센터, 이어도라이온스클럽, 이어도게이트볼팀 등 시민사회단체 이름에도 많이 들어간다. 이어도와는 무관해 보이는 이어도골프장, 이어도승마장, 이어도한우농장까지 있다.

이처럼 이어도라는 명칭이 인기 있는 것은 어감과 뜻이 좋기 때문일 것이다. 이어도 하면 정확한 실체는 몰라도 뭔가 신비롭고 진취적인 느낌, 환상의 섬, 이상향, 동경의 대상 등이 떠오른다. 실제로 제주대 학생을 대상으로 한 인식조사에서 가장 많이 언급된 이미지가 이런 말들이었다.

조성윤 제주대 교수는 2011년 발표한 논문 〈이어도에 관한 제주도 주민들의 이미지〉에서 제주인의 의식 속에 사회적 실재로 작용하고 있는 이어도 이미지의 형성과 확산 과정을 분석했다. 전화 면접을 통해 이어도를 단체명이나 상호로 사용한 이유를 확인해본 결과 "제주를 대표하는 또 다른 이름이라 생각해서" "제주도를 멋있게 부르는 이름이어서" 등 대체로 피상적인 반응이었다고 한다.

여인의 나라 이야기 '전설의 고향'

이어도는 KBS 인기 납량특집 드라마 《전설의 고향》의 소재로도 등장했다. 이어도를 다룬 97화는 1979년 11월 27일 방영됐다. 《전설의 고향》은 민간 설화를 바탕으로 한 여름 특선 스릴러 시대극이다. 이어도 편은 이어도를 '여인의 나라'로 그렸다. 내용은 전래 설화 일부를 차용해 각색했고 1750년경 제작된 제주도 옛 지도 〈해동지도〉 중 '제주삼현도'에 나타난 제주섬 인근 여인국(女人國)을 무대로 제주 해녀 이야기를 다뤘다. 줄거리는 이렇게 전개된다.

해녀 김녕댁은 게으르고 허황된 꿈만 꾸는 남편 부 서방 때문에 속을 썩이며 산다. 어느 날 부 서방은 마을 남자들과 함께 여자들만 살며 일 안 해도 좋다는 신비의 섬 이어도를 찾아가기로 의기투합하고 부인이 감춰둔 돈을 꺼내 집을 나선다. 그런데 배를 탄 일행은 이어도를 찾기는커녕 태풍을 만나 겨우 목숨만 부지한 채 돌아온다. 한편 집에 온 남편에게 술값으로 동전 한 닢을 쥐어주고 물질을 나간 김녕댁은 파도에 휩쓸려 정신을 잃는다. 정신을 차리고 보니 여인국이었다.
거기서 남풍의 정령을 받아 아이를 낳았다.
섬 율법에 따라 남자아이는 바다에 버려야 하는데 이를 어겨 섬에서 추방된다. 김녕댁이 집에 돌아와보니 모르는 사람들만 있었다. 이어도에 갔다 온 사이 100년이 지나 있었던 것이다. 증손 며느리가 시증조부인 부 서방이 김녕댁을 그리다 30세에 돌아가셨다고 알려준다.

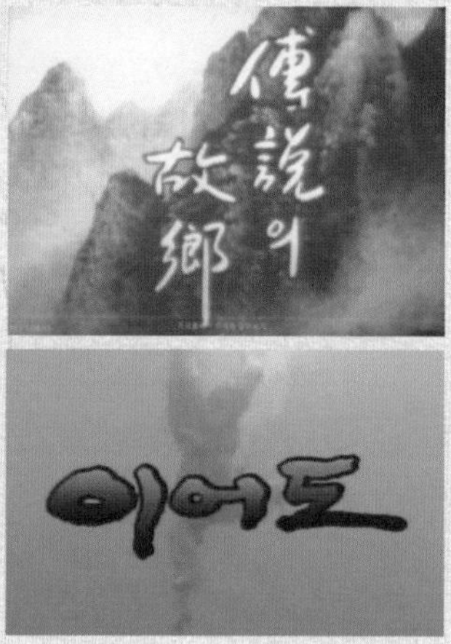

《전설의 고향》 방송 화면.

고문서에 나타난 간접 정황

명확한 언급은 아니지만 이어도의 존재를 암시하는 내용은 고문헌과 구전 전승 자료 등에 남아 있다. 동중국해 해로에 관한 정황이 여러 고문헌에 직간접적으로 표현되고 있다. 제주도 주민의 오랜 해양 생활 속에서 다양한 경로로 수집된 집단기억이 기록된 것이라 할 수 있다.

그러나 고문헌 사료는 대부분 막연한 간접자료다. 이어도 정황이 간접적으로 표현된 고문헌은 《조선왕조실록》, 《고려사》, 《탐라순력도》, 《일본서기》, 《원사元史》 등이 있다. 대체로 제주 사람들이 이어도 해역에서 어로 활동을 했다는 서술이다.

동중국해 항로 개척 등에 관한 기록에서도 관련 정황이 보인다. 예컨대 《삼국지 위서동이전三國志 魏書東夷傳》 한조韓條에 이런 내용이 있다. "마한 서쪽 바다에 섬이 있는데 주호국이라고 한다. (……) 이들은 배를 타고 다니면서 한나라에서 장사를 한다馬韓之西海島上有主胡國(……) 乘船往來 貨市韓中."

제주인들이 동중국해 이어도 해역을 넘나들며 활발한 해양활동을 했을 뿐 아니라 항해술이 뛰어났다는 것을 알 수 있다.

《원사》 고려전高麗傳과 탐라전耽羅傳에는 제주 섬을 기점으로 하는 동중국해상 해로海路에 관한 내용이 있다. "누군가 말하기를 탐라의 바닷길로 가면 남송과 일본에 쉽게 갈 수 있다고 했다以人言耽羅海道往南宋日本甚易故也."

《원고려기사元高麗紀事》 탐라耽羅에는 이런 기록이 있다. "남국에

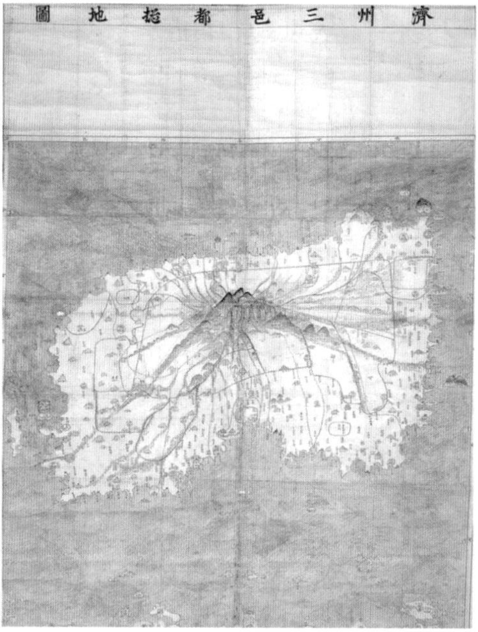

제주삼읍도총지도(제주도민속자연사박물관).

서 일본을 경유하여 온 탐라 사람 세 명은 일본 태제부 등지에 배를 하선할 곳을 도본으로 그려왔다有自南國經由日本來者耽羅人三名 畵到圖本 稱日本太帝府等處下船之地."

이들 사료 기록으로 미루어보면 비록 간접 정황이지만 제주인들이 이어도를 잘 알고 있었다는 것을 짐작할 수 있다. 1800년대 초까지 제작된 제주도 지도와 관련 문헌에도 이어도로 추정되는 명칭이 보인다.

일부에서 이어도의 다른 이름이라고 주장하는 지도상의 명칭은 여인국女人國, 여도女島, 제여도濨女島, 유여도遊女島 등이다. 이들 명칭은 대체로 이어도와 음가가 비슷한 데다 위치가 제주 남방에 그려져 있어, 이어도를 지칭했을 가능성이 제기되어왔다. 여女가 공통적으로 들어간다는 점에서 여성이 삶을 주도하는 섬이라는 제주 특유의 해양 이미지를 반영한 것이라는 견해도 있다.

《남환박물》 표지.
(제주도민속자연사박물관)

이들 명칭은 1700년대 초 제작된 〈제주지도濟州地圖〉, 1750년께 제작되었을 것으로 보이는 〈해동지도海東地圖〉 중 '제주삼현도濟州三縣圖', 1770년대 제작된 〈제주삼읍도총지도濟州三邑都摠地圖〉, 1822년 제작된 〈환영지寰瀛誌〉 중 '탐라도耽羅圖', 1841년 이원조가 제작한 〈탐라지도병지耽羅地圖幷識〉 등에 나타난다.

고지도상 명칭을 보완하는 문헌기록으로는 1602년 제주도에 암행어사로 왔던 김상헌의 《남사록南槎錄》과 1700년 초에 제주 목사로 부임했던 이형상의 《남환박물南宦博物》 등이 있다.

당신을 떠나보낸 섬

옛 문헌 중 이어도에 관한 기록은 앞서 언급한 《청용만고》가 가장 명확하다. 이 책은 제주도에 유배됐던 석촌 이용호가 집필한 문집이다. 책 제목은 '방아 찧는 소리처럼 생각 내키는 대로 엮은 시문' 이란 뜻이다.

절해고도 제주는 조선시대의 대표적인 유배지였다. 각종 사화, 권력 다툼, 반란, 역모에 연루된 자들이 유배형을 받았다. 강제 폐위된 광해군이 제주에 유폐된 뒤 최후를 맞았고 송시열, 최익현, 박영효, 정온, 장희재, 이승훈, 김정희 등 내로라하는 인물들이 귀양살이를 했다. 이용호도 그중 하나였다.

석촌 이용호는 1878년(고종 15년) 병과丙科에 급제한 뒤 홍문관 교리, 충청 어사, 경상순무사 등을 지냈다. 흥선대원군 섭정 기간에 발탁돼 정무를 보다 갑오개혁 이후 명성황후가 집권하고 흥선대원군이 실각해 몰락의 길을 걷게 되자 김윤식 등과 함께 유배형을 받았다. 1905년 사면된 뒤 그해 64세를 일기로 별세했다. 그는 1897년(고종 37년) 제주로 온 뒤 이재수의 난에 휩쓸려 전라남도 완도군 신지도로 이배될 때까지 5년간 제주에서 귀양살이를 했다. 그동안 학동들에게 경학을 가르쳤는데, 제주의 석학 심재 김석익이 16세 때인 1900년 그의 문하에서 글공부를 했다. 유배 이듬해 종신형을 받고 제주에 유배 온 조선 말의 대학자 운양 김윤식이 주도한 귤림시회橘林詩會에 참여하면서 유배의 설움을 달랬다.

이용호는 시회 활동을 통해 많은 시문을 남겼다. 유배생활 속에서 수집한 제주 관련 정보와 생활상, 한시漢詩, 신변잡기들이 주요 내용이다. 《청용만고》가 빛을 보게 된 것은 이용호의 증손 이태영이 집필 100주년을 기념해 1996년 국역판으로 출간하면서였다. 이 책에는 유배지의 다양한 풍물과 경험담, 심경을 담은 시문 500여수가 실려 있다. 책의 머리글에 해당하는 자서自序에 '이여도'에 대한 언급이 나온다. 〈방아 찧는 노래〉라는 민요의 유래를 전해 듣고 이를 설명하는 대목이다.

이용호가 1897년 음력 3월 5일 산지포로 들어와 제주 섬에 오른 뒤 관사에 몸을 부린 지 며칠만의 일이다. 그때 제주 여인들이 방아질할 때 부르는 노래와 그 유래를 듣게 된 경위, 구전돼온 이여도 일화를 기록으로 남겼다. 낯선 유배지에 여장을 푼 그에게 이웃집 아낙 여럿이 '방애'(방아의 제주 방언)를 찧으며 불러대는 노래는 그에게 신비롭게 들렸을 것이다. 그는 주변 사람에게 물었고, 객관을 지키던 관헌은 "원나라 지배를 받던 시절 가족들이 공마진상貢馬進上 나가는 아비를 배웅하면서 불렀던 노래"라고 답했다. 공마진상이란 제주도 특산물인 말을 조정에 바치는 것으로, 주민들의 삶을 위협한 노역이었다. 배에 말을 태우고 나갔다가 사고로 돌아오지 못한 사람도 많았다.

이에 이용호는 "너를 떠나보낸 그 이여도가 어디인지 지금은 알 수 없으나 섬 토박이들이 이 일화를 전하면서 오랜 풍속으로 자리 잡았을 것"이라는 견해를 보탰다. 이어도에 관한 전설이 방애질 노래로 널리 불리면서 구전돼왔음을 알 수 있다.

기록은 이렇게 간략하지만 그동안 이어도 설화의 신빙성을 놓고 벌어진 논란을 잠재웠다. 이어도 설화가 제주 고유의 전래문화냐, 일제강점기 일본인 학자들이 만들어낸 전통이냐는 의문을 해소해준 것이다.

《청용만고》의 기록은 이어도 전설이 19세기 말까지 제주 구전

문화 형태로 자리 잡고 있었음을 입증한다. 또 관련 설화가 원나라로 말을 보내는 노역과 연관되어 있는 것으로 미루어, 적어도 1200년대 이전에 이어도 전설이 형성됐음을 추론케 한다.

'이어도 사나~' 힘겨운 노동 가락

역사 문헌에서 이어도가 명시된 사례를 찾기는 쉽지 않다. 그렇다고 이어도가 상상 속의 허구라고 단정할 수는 없다. 제주인의 생활 속에 그려진 이어도의 흔적을 어렵지 않게 찾을 수 있기 때문이다. 입으로 전해지는 구전 전통을 채록한 자료도 많이 있다.

다카하시 도루는 조선유학사, 불교사 등 조선사상사 분야 연구로 유명한 학자다. 민요에도 관심을 기울여 여러 편의 논문을 발표했다. 그가 민요 연구를 위해 처음 제주를 방문한 것은 1929년 11월이었다. 그 뒤에도 제자들을 통해 계속 자료를 수집하고 논문을 썼다.

다카하시는 민요 200수가량을 수집해 1931년 명륜학원에 입학한 제주 출신 이창하에게 검증받았다. 이어 1931~1932년 다시 제주를 돌며 민요 100여 수를 더 수집했다. 그는 1933년 《조선》에 발표한 글에서 이어도를 언급하며 "제주의 노래에는 방아 찧는 노래, 뱃노래, 농가農歌, 그 밖의 노래에도 노래의 첫 부분과 끝부분에 '이여도야 이여도'라는 후렴이 붙어 있으며, 이여도를 이허도라고도 한다"라고 밝혔다.

그는 이허도가 공상 속의 섬이며 제주와 중국 중간쯤에 있다고 믿어서, 가는 배든 오는 배든 이 섬까지만 오면 우선 안심한다고 묘사하고 있다. 그래서 떠나가는 배에 대해서는 이허도까지 무사하라고 비는 것이며, 또 가서 돌아오지 않는 배가 있다면 “이허도까지만 돌아오면 재난은 면할 수 있었을 터인데” 하며 슬퍼한다고 설명했다. 다카하시는 해방 후 일본에서 자신이 수집한 민요를 분야별로 정리하고 해설한《제주도의 민요》(1968)를 출간했다.

민요는 언어와 가락 속에 지역의 생활상과 정서를 잘 반영한 자료다. 다카하시뿐 아니라 김안서, 임화, 이재욱 등 여러 민속학자들이 제주 소리에서 이어도 관련성을 찾아냈다.《조선민요선》,《우리고장 전래민요》,《제주도언어민속논총》 등에 노력의 결실이 실려 있다. 제주도 대표 민요에 이어도 추정 대목이 나온다. 이 소리는 1959년 당시 제주민속박물관장 진성기가 조천리에서 채록한 것이다.

이어도ᄒᆞ라 이어도ᄒᆞ라
이어 이어 이어도ᄒᆞ라
이어 말ᄒᆞ민 나 눈물 난다
이어 말랑 말앙근 가라
강남을 갈 거면 해남을 보라
이어도가 반이엔 해라

“강남江南을 갈 거면 해남海南을 보라 이어도가 반이엔”은 제주도에서 중국으로 가는 서남쪽 항로 중간에 이어도가 있다는 뜻이다. 제주에서 중국 남방 연해부인 상하이, 항저우, 닝보 앞바다 저우산舟山군도를 잇는 오랜 해로 중간지점이다. 탐라시대부터 해상무역을 하며 대해를 넘나들던 해양 루트다.

진성기는 "채록 당시 모두 이어도가 이상향이라고 알고 있는 것은 아니고 이어도에 대해 인식하지 못하는 사람도 있었다. 그러나 해녀들은 비교적 이어도에 대하여 자세히 알고 있었으며 잘 모르는 사람일지라도 이어도라는 말 자체는 친숙하게 여겼다"라고 언급했다. 그는 "이어도는 맷돌 노래와 함께 사람들에게 광범위하게 알려져 있었다. 그런데 맷돌 노래가 사장되다시피 하면서 이어도에 대한 제주도 사람들의 인식도 많이 감퇴했다"라고 덧붙였다.

이어도가 등장하는 제주 소리는 대체로 노동요다. 물질(바닷속에 들어가 해산물을 따는 일)하러 깊은 바다로 가는 해녀들이 힘겹게 노를 저을 때 "이어도 사나 아아아~ 이어도 사나 으샤 으샤"가 자연스레 흘러나왔다. 노동에 힘을 돋우는 구슬픈 가락이면서 힘든 삶을 극복하려는 강한 의지를 담고 있다.

> 이엿사나 이여도사나 이엿사나 이여도사나
> 우리 배는 잘도 간다
> 솔솔 가는 건 소나무 배여 잘잘 가는 건 잡나무 배여
> 어서 가자 어서 어서 목적지에 들여 나가자
> 우리 인생 한번 죽어지면 다시 환생 못하느니
> 원의 아들 원자랑 마라 신의 아들 신자랑 마라

한 베개에 한잠을 자난 원도 신도 저은 데 없다
원수님은 외나무다리 길어 어이 외길인고!
원수님아 길 막지 마라 사랑 원수 난 아니노라

바다에서 일하는 해녀들의 노동요 〈이어도 타령〉이다. 타령의 사설은 직설적이고 역동적이다. 4·5조 형식과 반복법은 드센 억양과 생동감을 불러일으킨다. "이엿사나 이여도사나"는 노를 저을 때 나오는 여음이다. 해녀 노래뿐 아니라 타작 노래, 꼴 베는 노래 등 거의 모든 제주 노동요 후렴에 이어도가 들어 있다. 맷돌 노래, 방아 노래에는 후렴이 아닌 가사로 등장한다. 이어도는 제주 소리 속에서 생활 터전이자 이상향으로 늘 함께해왔다.

애달픈 사연의 무대가 되다

제주의 이어도 설화는 다카하시 도루, 진성기, 김영돈, 현용준 등 민속학자들이 채록함으로써 기록 문헌으로 남게 됐다. 이어도 서사구조의 특징을 보여주는 대표적 설화 세 가지를 들어보자.

첫째는 다카하시가 1932년 모슬포에서 채록한 설화다.

제주도는 고려 충렬왕 3년 원나라의 지배를 받아 목관牧官이 내려와 통치하기 시작했다. 이때부터 해마다 특산품을 보내야 했다. 공물선은 모슬포항을 출항해 산둥으로 갔다. 공물선 선주 강 씨는 때마다 여러 척의 배에 공물을 가득 실어 내보냈다. 그런데 떠난 공물선은 돌아오지 않았다. 항로 중간에 '이여도'라는 섬이 있다는 꿈 같은 이야기가 섬사람들 사이에서 돌았다. 어느 해 강 씨는 직접 공물선을 타고 그 섬으로 갔으나 그도 끝내 돌아오지 않았다. 그의 아내는 그리움을 달랠 길 없어, 하다못해 남편이 이여도까지만이라도 도착했으면 하는 바람을 담아 "아 이여도야 이여도야"로 시작하고 끝나는 노래를 만들어서 불렀다. 곡조는 서글프고 애처로웠다. 비슷한 처지의 다른 부인네들도 그 노래를 듣고 공감했고, 그렇게 해서 노래가 퍼지게 되었다.

둘째는 진성기가 1958년 조천리에서 정주병의 구술을 채록한 설화다.

조천리에 고동지라는 사내가 살았는데, 어느 해 중국으로 국마진상을 가게 됐다. 그날따라 바람 한 점 없이 바다가 잔잔해 고동지는 동료 배들과 함께 말을 잔뜩 싣고 순풍에 돛을 달았다. 배가 조천포구 수진개를 떠나 수평선에 이르렀을 때 갑자기 폭풍이 불어닥쳤다. 배는 나무조각처럼 흔들리기 시작했다. 며칠을 표류했던지 마침내 한 섬에 닿았는데, 동료들을 모두 잃고 자기만 살아남았음을 알았다. 도착한 땅이 이어도란 것도 알았다.

이어도는 큰 태풍 때 고기잡이 간 어부들이 수중고혼이 되는 바람에 과부들만 살고 있던 섬이었다. 과부들은 고동지가 오자 크게 환영하며 그를 이 집 저 집에서 묵도록 하여, 그는 날마다 밤마다 이 여자 저 여자를 전전하며 애정을 나눴다. 그러던 어느 날 비가 와 처마에 낙숫물이 뚝뚝 떨어지는 모습을 보자 고동지는 불현듯 고향의 아내와 부모 형제가 그리워졌다. 가족을 만나고 싶은 생각이 불길같이 일었다. 그날 밤은 초승달이 유난히 밝았다. 고동지는 바닷가를 배회하며 멀리 수평선 너머를 바라보고 아내 이름을 수백 번도 더 불렀다. 바다는 부드러운 가락으로 노래를 불렀다. 고동지도 파도의 가락에 따라 스스로를 달래며 구슬프게 노래했다. 조천리에서 채록한 바로 그 민요다.

이후 고동지는 중국 상선을 만나 그 배의 도움으로 귀향하게 됐다. 이때 이어도의 한 여인이 함께 왔다. 고향에서는 태풍으로 죽은 줄로만 알았던 고동지가 살아 돌아오자 잔치가 벌어졌다. 이들은 모두 한 가족이 되어 단란한 가정을 이뤘다. 이어도에서 고동지를 따라온 여인을 마을 사람들은 '여돗할망(이어도 할머니)'이라 불렀는데, 그녀가 세상을 떠난 후 마을 당신堂神으로 모셨다. 조천리 '장귀동산당'이 그 여돗할망을 모신 당이다.

셋째는 김영돈·현용준이 1979년 김순여의 구술을 채록한 설화다.

옛날 어느 마을에 한 남편이 아내를 버려두고 무인도인 이여도로 가서 첩을 정해 행복하게 살고 있었다. 남편을 잃은 아내는 늙은 시아버지를 모시고 살았는데, 어느 날 시아버지에게 부탁했다.

"아버님, 배 한 척만 지어주십서."

"뭘 하젠?"

"남편을 찾아보쿠다."

시아버지는 며느리의 소원을 들어 선흘고지(조천읍 선흘리)로 가서 나무를 베어다 배를 지어주었다. 화창한 날을 택한 며느리는 시아버지와 함께 남편이 살고 있는 이여도를 향하여 배를 띄웠다. 이여도로 가는 길은 멀고도 험난했다. 며느리가 힘들게 노를 저으며 어서 이여도에 가자고 "이여도 사나, 이여도 사나" 소리를 불렀다. 마침내 이여도에 도착해보니 남편은 새 아내와 잘 살고 있었다. 그러나 아버지와 본처가 귀향할 것을 설득하자 남편은 할 수 없이 가족 모두 고향으로 돌아가서 살기로 했다. 온 가족이 한 배에 타고 고향으로 향하는데 갑자기 풍파가 몰아쳐 모두 수장되고 말았다. 이후 고향 사람들은 풍파를 만나 몰사한 가족을 불쌍히 여겨 당제를 지내듯 늘 제사를 올렸다.

이어도 설화 내용을 정리하면 이렇다.

첫째, 이어도는 제주도 서남방 항로에 있는 섬으로, 강남 가는 중간쯤에 있다. 둘째, 제주도 남자들이 진상품이나 상품을 싣고 중국으로 가다가 이어도 섬 주변 소용돌이치는 물결에 배가 휘말려 영락없이 파선되고 몰사하는 일이 거듭됐다. 셋째, 졸지에 남편을 잃은 제주 여인에게 이어도는 원한과 애통의 상징이었다. 그래서 민요를 부르면서 쓰라린 마음을 달랬다. 넷째, 이어도는 한번 들어가면 살아 돌아올 길 없는 저승 나라다. 다섯째, 이어도는 삶에 필요한 온갖 물건이 두루 갖춰져 있고 사람이 누릴 수 있는 즐거움과 환락이 넘치는 낙토다.

몽환적 판타지 넘치는 유토피아

실재하지 않는 환상의 섬이라는 이미지로 대중에게 각인된 이어도는 쉽게 접하는 대중가요를 통해 새롭게 인식되기 시작했다. 대표적인 노래로 1984년 나온 정태춘·박은옥의 〈떠나가는 배-이어도〉와 1992년 나온 한영애의 〈이어도〉, 2005년 발매된 이상은의 〈이어도〉가 있다.

정태춘·박은옥의 앨범.(1984)

저기 떠나가는 배 거친 바다 외로이
겨울비에 젖은 돛에 가득 찬바람을 안고서
언제 다시 오마는 허튼 맹세도 없이
봄날 꿈같이 따사로운 저 평화의 땅을 찾아
가는 배여 가는 배여 그곳이 어드메뇨
강남길로 해남길로 바람에 돛을 맡겨
물결 너머로 어둠 속으로 저기 멀리 떠나가는 배
너를 두고 간다는 아픈 다짐도 없이
남기고 가져갈 것 없는 저 무욕의 땅을 찾아
가는 배여 가는 배여 언제 우리 다시 만날까
꾸밈없이 꾸밈없이 홀로 떠나가는 배
바람 소리 파도 소리 어둠에 젖어서 밀려올 뿐

가수 정태춘·박은옥의 〈떠나가는 배-이어도〉는 근심 걱정 없이 살 수 있는 이상향으로 가는 애환의 뒷모습을 그렸다. 가수 한영애의 3집 앨범에 실린 〈이어도〉는 사랑하는 이를 잃은 애끊는 심정을 제주 민요 후렴구를 차입해 표현했다.

한영애의 3집 앨범(1992).

떠나가면 돌아오지 않는
섬으로 부는 바람은 배를 띄운다
이어도 하라 이어도 하라
이어 하면 눈물 난다
내 님은, 내 님은 남기고 떠난 내 님은 보이지 않네
이어도 하라 이어도 하라
이어 하면 눈물이 난다

가수 이상은의 12집 앨범에 실린 〈이어도〉는 낭만적인 사랑이 충만한 세계, 몽환적 판타지가 넘쳐나는 유토피아로 그려진다.

흰옷을 입은 사람들 피리 소리 북소리에 젖어
여름날에 축제는 한창 시원한 하늘 밑에 누워
품속에 안아 지키던 흰 새는 여럿이 돌아와
심어놓은 초록빛 씨앗 보라빛 열매 맺으리
이어도의 꿈속에 사람들과 어우러
이어도의 꿈속에 님의 웃음 안으리 덩실덩실

이상은의 12집 앨범(2005).

설화·전설로 구전된 이어도

이어도연구회는 2011년 이어도 관련 구전 자료를 전수 조사해 체계화한 연구보고서 〈제주도 전승 구비문학으로 본 이어도〉를 펴냈다. 설화, 소리(민요), 신화, 전설, 민담, 속담 등이 수집 대상으로, 이어도를 직접 언급한 자료는 '직접자료'로, 이어도를 인지할 만한 정황 자료는 '간접자료'로 분류했다. 수집된 자료 수는 233편에 이른다.

직접자료는 각종 저서 7건, 민요 133수다. 간접자료는 신화·설화 17건, 민요 29수, 속담 45개다. 신화·전설·설화는 옛이야기를 구술·채록한 것인데 먼바다 자락 이어도에 대한 인지와 지식의 축적이 표출돼 있다. 소리는 대부분 후렴구에 나타나지만 사설 가운데 명료한 의미로, 또는 은유적 표현으로 드러난 경우도 있었다. 속담은 이어도가 적시되지는 않지만 제주인들의 해양경험이 농축된 자료라 할 수 있다.

이어도는 제주인에게 제주도의 원형인 '또 하나의 제주'이자 바다 밭, 문전옥답이었다. 각종 자료에서 묘사된 이어도는 세 가지로 정리된다.
첫째, 제주 섬사람의 해양활동에 초점을 맞춘 생활 터전으로서 풍요로운 땅이다. 둘째, 제주도와 강남 사이 섬, 바람, 돌 등 유사한 이미지로 그려진 추적과 동경의 대상, 곧 이상향이다. 셋째, 해양생활권역 내인 동중국해역 바다의 주도적 이용이 두드러진 친숙한 곳이다.

▷ 이어도 직접자료 목록

구분	제목(수)	출처	계
설화	이여도(離汝島)	- 이용호, 《聽春漫稿》(1890년대 추정)	7
	이허도(離虛島)	- 강봉옥, 〈濟州島의 民謠 五十首〉, 《開闢》(1923).	
	이허도	- 다카하시 도루, 〈民謠에 나타난 濟州女性: 이허도(離虛島) 전설〉, 《朝鮮》(1933).	
	이어도	- 진성기, 〈신화와 전설〉(1959).	
	이여도	- 현용준·김영돈, 《한국구비문학대계 9-1: 북제주군편》(1980).	
	이여도	- 현용준·김영돈, 《한국구비문학대계 9-3: 서귀포시 남제주군편》(1983).	
	이어도	- 고은, 《제주도: 그 전체상의 발견》(1976).	
소리(민요)	• 맷돌 가는 소리 (42수) • 방아 찧는 소리 (25수) • 해녀 노 젓는 소리 (49수) • 망건 맺는 소리 (9수) • 양태 짜는 소리 (7수) • 탕건 잣는 소리 (1수)	- 홍정표, 《제주도민요해설》(1963). - 김영돈, 《제주도민요연구(상)》(1965). - 현용준·김영돈, 《한국구비문학대계 9-1: 북제주군편》(1980). - 현용준·김영돈, 《한국구비문학대계 9-2: 제주시편》(1981). - 현용준·김영돈, 《한국구비문학대계 9-3: 서귀포시 남제주군편》(1983). - MBC, 《한국 민요 대전: 제주도 민요 해설집》(1992). - 양영자, 〈제주민요 시집살이노래에 드러난 갈등양상과 현실인식〉, 《민요론집》, 제2호(1993).	133
계			140

▷ 이어도 간접자료 목록

구분	제목	출처	계
신화	고양부 탐라국사 세 신인과 벽랑국 세 공주 개로육서도 금백조와 아들들 보름웃도 남선비 동서해용왕(구 삼승할망) 동해용왕 따님 삼승할망(용왕 따님) 물의 신 궤네깃도 백중이 성주안신국 윤동지와 영등 용왕국 진궁아기 자청비 칠성	- 고대경, 《신(神)들의 고향(故鄕)》(1997).	17
소리	오돌또기(13수) 갈치 낚는 소리(3수) 서우젯 소리(5수) 테우젓는 소리(1수) 염불 소리(1수) 성주내는 소리(1수) 이어도놀래(5수)	- 홍정표, 《제주도민요해설》(1963). - 김영돈, 《제주도민요연구(상)》(1965). - 현용준·김영돈, 《한국구비문학대계 9-3: 서귀포시 남제주군편》(1983). - MBC, 《한국 민요 대전: 제주도 민요 해설집》(1992). - 한기흥, 〈조천 민요의 특이성〉, 《민요론집》, 제3호(1994).	29
속담	조류, 날씨, 해녀, 어업 관련	- 고재환, 《제주속담사전》(2002).	45
계			91

제주인들 영혼의 안식처

제주도는 화산낙도火山落島라는 자연지리적 특성상 역사적으로도 늘 변방이었다. 하지만 해양에 관한 한 선사시대부터 항로의 중심이자 채널 역할을 해왔다. 또 한반도 남쪽 바다를 항해하는 배에게 한라산은 중요한 이정표였다.

제주인들은 바다를 삶의 터전으로 삼아 생활을 꾸려왔다. 예로부터 평소 밥상이나 제사에 올리는 음식으로 옥돔과 남방참다랑어, 재방어를 으뜸으로 꼽았다. 이들 생선을 잡을 수 있는 최고의 어장이 바로 이어도 바다였다. 제주 어부들은 한겨울에도 북풍을 등지고 이어도 해역으로 출어해 조업한 뒤 동풍, 동남풍을 타고 귀항하곤 했다. 1970년 초반까지도 조업 과정에서 중국이나 다른 나라 어선을 만난 적이 없다고 할 만큼, 이어도 해역은 제주 어민들만의 생활 터전이었다.

제주 어부들은 이어도를 '우리 바당 걸팥', 즉 우리 바다의 끝자락이라고 부른다. 고기잡이 나갈 수 있는 가장 먼 곳이란 뜻이다. 어민들은 매년 9월부터 이듬해 6월까지 옥돔잡이를 위해 이어도 해역으로 출어했다. 이어도 어장에 접근할 때는 한라산과 수평선을 꼭짓점으로 연결하는 삼각항해도법을 응용했다. 한라산이 시야에서 사라지는 시간을 가늠하고, 밤에 별자리를 보는 등 항해 노하우가 있었다고 한다. 제주인들은 해류와 해풍 등에 관한 폭넓은 지식을 축적한 해민海民이었다. 하지만 날씨 가늠에 실패해 폭풍우를 만나 침몰하거나 난파, 표류하는 일도 종종 일어났다.

이어도 기지에서 보는 밤하늘. 수많은 별들과 북두칠성.

제주 섬사람들에게 이어도는 무엇이었을까.

첫째, 거친 바다와 힘겹게 싸우면서 살아온 이들의 이상향, 곧 마음의 고향이었다. 그곳은 가난과 질병, 핍박과 수탈이 없는 낙원이므로 죽어서도 영생복락을 누리는 영혼의 안식처였다. 둘째, 삶의 터전이었다. 이어도 바다는 풍요로운 어장이었고 그곳에서 수확한 해산물은 중요한 수입원이 됐다. 셋째, 외부 세계로 나가는 길목이었다. 이어도는 제주인들이 조공선이나 상선을 타고 중국이나 일본으로 가는 바다에 있었다. 그런데 여울과 암초 탓에 배가 난파하는 일이 잦았다. 뱃사람이 바다로 나갔다 돌아오지 않으면 섬사람들은 이어도로 갔다고 믿었다.

이처럼 이어도는 제주인과 숙명적 관계를 맺어왔다. 제주 사람들의 의식세계에 깊게 뿌리내렸기에 많은 신화와 전설을 낳은 것이다. 섬사람들은 물질이나 밭일같이 힘겨운 노동 속에 이어도 민요를 부르면서 구원의 섬을 꿈꾸었다. 이상향을 향한 동경 속에서 현실의 질곡을 극복했다.

제주도 속담 중 '삼대 보제기에 꼭 수장허는 액운신다(3대가 어업을 하면 가족 중 누군가 꼭 수장水葬되는 액운이 생긴다)'라는 말이 있다. '집은상 살곡 배는 지성 타라(집은 사서 살고, 배는 지어서 타라)'는 속담도 있다. 배는 목숨을 좌우하기 때문에 남에게 맡기지 말고 손수 지어서 타라는 말이다.

이처럼 제주 사람들에게 바다는 천연의 혜택인 동시에 원망의 대상이었다. 바다를 제집 안방처럼 드나들었지만 해난사고에 의해 가족과 이별하는 한이 쌓였다. 문제는 그 죽음이 단정되는 죽음이 아니라는 점이다. 주검을 볼 수 없는 미확인 죽음, 즉 실종에 의한 영원한 별리다. 실종된 가족을 찾는 상실자의 기다림은 부질없는 희망이다.

해난사고 실종자는 시신이 바다 밑 바위틈에서 하얀 해골이 됐을지라도 죽은 사람이 아니고, 저 바다 무인도에서 원시인처럼 살고 있을지라도 산 사람이 아니다. 체념하거나 절망하기도 어려운 아픔이 있다.

실종자의 귀환에 대한 갈망은 실존을 상정하는 것이며, 그것은 위치 찾기, 곧 구체적 장소로 표상된다. 이어도라는 실재의 지리적 사물에 기반을 둔 이상향 신화는 그렇게 탄생했다.

전설은 지명과 같은 사실의 오브제와 상상의 스토리로 구성된다. 전설은 전승자가 신성하다고까지는 여기지 않으나 진실되다고 믿는 이야기다. 전설의 세계는 일상적 경험을 떠나 따로 존재하지 않는다. 전설 속 이야기는 픽션이지만 지리적 사물은 팩트다. 전설 속에 오브제가 있기 때문에 전설은 살아 전승되는 것이다.

제주 해민들이 이어도 스토리를 지어낸 배경은, 첫째는 인류사회에 보편적으로 나타나는 죽음에 대한 불안 해소, 둘째는 삶의 고해苦海로부터 피안의 세계로 탈출하고자 하는 욕망, 셋째는 사망을 확인할 수 없는 실종으로 이별한 망자와 영원한 안식처에서 재회하고 싶은 염원 등으로 볼 수 있다. 특히 셋째 요인이 제주 해민들에게서 특징적으로 나타난다. 이것이 이어도가 서양의 유토피아, 파라다이스, 샹그릴라, 또는 동양의 무릉도원 같은 장소 관념의 이상향과 다른 점이다. 허균의 《홍길동전》이 이상향으로 그린 가공의 나라 '율도국'과도 다르다.

죽음 이후 현상에 대한 가시적 공간 묘사는 죽음에 직면하는 이의 희망을 충족시킨다. 죽음 이후의 빈 공간, 텅 빈 현실, 끝 간 데 없이 떨어져 내릴 어두운 심연은 공포와 절망의 대상이다. 그런 상황에서 죽음 이후 머물 어떤 장소, 공간이 구체적으로 제시됨으로써 절망은 위로받는다.

"그리워서 불렀다 이어도"

대중예술인들이 개별적으로 발표한 것 외에 이어도연구회가 기획·제작한 이어도 노래도 있다. 2012년 원로음악인 김희갑·양인자 부부에게 작사·작곡을 의뢰해 만든 이어도 앨범이 그것이다. 가수 김국환이 부른 타이틀곡 〈이어도가 답하기를〉 노랫말은 이렇게 흐른다.

너를 불러보았다 이어도
그리워서 불렀다 이어도
한라산이 열리면서 바다속에 숨겨놓은 연인
마라도 남남서쪽 일백사십구킬로
4미터 물속 아래 숨바꼭질하는 그대
오늘도 안녕하신가 루루루루
너를 불러보았다 이어도
그리워서 불렀다 이어도
파도가 밀려와 그대 말을 전한다
무사마시 무사마시 오 무사마시 무사마시
난 언제나 여기 있어요
난 언제나 당신 것이예요

작사가 양인자는 언론 인터뷰에서 "이어도가 전설로 끝나는 게 아니고 좀 더 구체적으로 떠오를 수 있게 가사를 썼다"라고 했고, 작곡가 김희갑은 "먼바다 이어도를 향해 사랑의 메시지를 보내는 느낌으로 만들었다"라고 말했다.

수록곡 〈이어도〉는 김성록·권수동·김호중 트리오가 불렀다. 찰리 김의 색소폰 연주까지, 한 장에 다양한 장르의 음악을 담았으며 연주곡을 포함해 총 6개 트랙이 실렸다. 2012년 12월 9일 제주대 아라뮤즈홀에서는 참여 뮤지션들이 모두 나온 음반 제작 기념 콘서트와 토크쇼가 열렸다.

이어도 가곡·대중가요 기획앨범 커버.

제4장

대양에 우뚝 선 '골리앗 타워'

기후변화에 대한 대응이 필수인 시대, 해양의 가치는 더욱 높아질 수밖에 없다. 해양 요소의 장기적, 안정적 관측과 이를 기반으로 한 데이터베이스 축적, 연구의 중요성이 더욱 강조된다. 우리나라는 이런 현실에 발맞춰 한반도 선단 해역에 해양과학기지를 구축했다.

해양과학기지는 해양·기상·대기환경을 실시간으로 관측하고, 해양 및 기상예보와 원격탐사 검보정檢補正을 위한 핵심자료를 제공한다. 육지의 영향이 배제된 순수한 해양환경 요소의 장기 관측, 태풍 역학, 해양생태계 장기 변동, 해양 대기의 상호작용 등 다학제 연구가 이루어지는 플랫폼이다. 한국은 3개의 해양과학기지를 보유하고 있으며 그 1호가 이어도 해양과학기지다.

해양과학·정보·연구 첨병

조선소에 가면 선박 건조용 대형 크레인이 있다. 100m 넘는 높이로 시야를 압도해 '골리앗 크레인'이라 불린다. 이어도 해양과학기지는 대양 한복판에 우뚝 솟은 '골리앗 타워'라 할 만하다. 한·중·일 앞바다에 버티고 선 한국 해양과학의 상징이자 첨병이다. 구조물 높이는 수면 위 36m, 수중 41m로 총 77m다. 해수면 위만 일반 건물의 15층 높이다. 연면적 1,345㎡, 총중량 3,400톤에 이른다. 헬리콥터 이착륙장과 거주시설을 갖추고 있다. 1995년 사업 착수 이후 총사업비 212억 원을 들여 8년 만인 2003년 완공됐다. 44종 108개 첨단 장비로 해수온, 염분, 해류, 조석, 파고, 풍향, 풍속 등을 자동으로 관측해 해양에 관한 종합적 연구를 뒷받침한다.

해양과학기지 건설 구상은 1984년 이어도의 실체가 확인된 직후부터 시작됐다. 1986년 3월 한국과학기술원 해양개발연구소는 〈파랑도와 그 주변 해역의 다목적 이용 개발을 위한 조사연구〉 보고서를 냈다. 이어도 해역의 중요성을 분석하고 개발의 기본 방향을 제시한 것이다. 보고서는 "등대 시설과 기상관측소를 만들면 해양학, 수산학, 기상학적 자료를 수집할 수 있고 어선의 안전조업, 선박의 안전항해뿐 아니라 안개 생성 역학, 태풍 이동경로, 파랑·해일, 해수 순환 파악 등 기대효과가 커 적극 개발할 필요가 있다"라고 결론지었다.

이에 따라 1987년부터 정부 차원에서 이어도 활용 방안을 모색했다. 한국해양연구소는 1990년 7월 '국가종합해양관측망 구축기술개발' 사업을 국책과제로 추진해 이어도 해양전초기지 건립계획

이어도 해역 종합해양관측 부이(왼쪽)와 이어도 해역 파랑관측 부이(오른쪽).

을 세우는 데 착수했다. 이어도 해역에 처음 설치된 구조물은 1987년 8월 해운항만청이 세운 '이어도 등부표'였다. 해저에 고정해 항해 위험성을 알리는 무인등대와 같은 항로표지 부표다. 등부표는 설치 이후 태풍으로 인해 여러 차례 유실됐다.

이후 자료수집 기능이 있는 종합해양관측 부이ocean data buoy가 설치됐다. 파고, 파향, 풍향, 풍속, 기압, 계류위치 등을 실시간 모니터링 할 수 있는 이 부이는 1996년 7월 이어도 북쪽 4㎞, 수심 55m 해상에 계류했다. 그러나 부이 전복, 제어 시스템 오작동 등의 문제가 발행해 9월 파고계로 대체됐다.

한국해양연구소는 1993년 4월 과학기술처 보고에서 이어도에 해양관측타워를 설치하자는 건의를 했다. 이에 김시중 과학기술처 장관은 이왕 타워를 세우려면 본격적인 규모의 해양과학기지를 짓자는 의견으로 발전시켰다. 과기처는 외무부·내무부·국방부 등 8개 관계 부처 의견을 조회해 긍정적인 답변을 얻었다. 김시중 장관은 김영삼 대통령에게 '이어도의 해양기지 이용방안'을 보고해 재가를 받았다. 1994년 해양과학기지 건설 계획이 확정되자 한국해양연구소는 기지가 들어설 최적의 장소를 찾아 나섰다. 1995년 6월엔 이어도 해역 조류 특성 파악, 구조물 설치를 위한 입지조건을 검측했다.

1996년 8월 해양수산부가 발족해 관계 기관과 업무가 이관됐다. 1997년부터 정부 예산이 책정되면서 해양과학기지 건설은 추진력을 얻었다. 한국해양연구소는 2001년까지 연차적으로 환경조사, 입지 선정, 기지 규모·형태 결정, 기본·실시 설계, 사업체 선정 등의 절차를 밟아나갔다.

바람, 파도, 유속 등 계산해야 할 요소가 많았지만 가장 큰 문제는 해저 지하기반 상태였다. 1997년 9월 천부지층淺部地層● 탐사기로 조사한 결과 이어도 해역 바닥은 외부 표면이 딱딱한 암반으로 돼 있었다. 하지만 깊은 철골구조물을 지탱할 만큼 단단한지는 확신할 수 없었다. 논란 끝에 네덜란드로부터 해저 지반조사 전용선을 빌려 오기로 했다.

1998년 6월 이 장비로 해저 51.4m까지 뚫어 시추 코어를 얻었다. 정상부에서 스쿠버 잠수를 통해 응회암 시료를 직접 채취했다. 이로써 처음으로 이어도 생성과 진화 과정에 대한 지질학적 분석이 가능해졌다. 분석 결과 이어도 해역 해저 지반은 단단한 암반이 아

● 강, 호수, 해양 등의 퇴적층. 주로 고주파 대역 음원을 이용하여 정보와 자료를 얻는다.

이어도 동생 '가거초', '소청초'

이어도 해양과학기지는 한국의 해양과학기지 삼형제 중 맏이라 하겠다. 둘째는 가거초, 셋째는 소청초 해양과학기지다. 삼형제는 서쪽 외곽 배타적 경제수역에 세워져 기상·해양 관측, 연안 재해 예방, 기후변화 대응 등 해양과학의 최전선 역할을 하고 있다.

신안가거초 해양과학기지는 대한민국 최서남단인 전남 신안군 가거도에서 서쪽으로 47㎞ 떨어진 암초 위에 설치됐다. 이어도 해양과학기지가 완공된 2003년 착공해 6년 만인 2009년 완공됐으며 사업비 100억 원이 투입됐다. 높이는 수중 15m, 수면 위 26m로 이어도 기지보다 작으며, 30여 종의 기상·

옹진소청초 해양과학기지.

신안가거초 해양과학기지.

해양·환경 관측장비를 갖췄다. 연면적 286㎡, 총중량 640톤으로 이어도의 4분의 1 규모이지만, 21m 높이의 파도와 평균 풍속 초속 40m의 강한 바람에도 견딜 수 있도록 설계됐다.

인천 옹진군 소청도 남쪽 37㎞ 지점에 세워진 옹진소청초 해양과학기지는 2009년 사업에 착수해 5년 만인 2014년 완공되었고, 사업비 486억 원이 들었다. 높이는 수중 50m, 수면 위 40m, 구조물 전체 높이는 90m로 해양과학기지 삼총사 중 가장 크다. 연면적은 2,700㎡, 총중량 3,531톤에 이르며, 관측장비 40여 종을 갖추고 있다.

한국 정부는 경북 울진군 후포등대에서 23.4㎞ 떨어진 동해상 왕돌초에 네 번째 해양과학기지 건립을 추진 중이다. 왕돌초는 동서 21㎞, 남북 54㎞에 이르는 거대 수중 암초로, 해중생태과학공원을 포함한 다양한 개발 방안이 검토되고 있다.

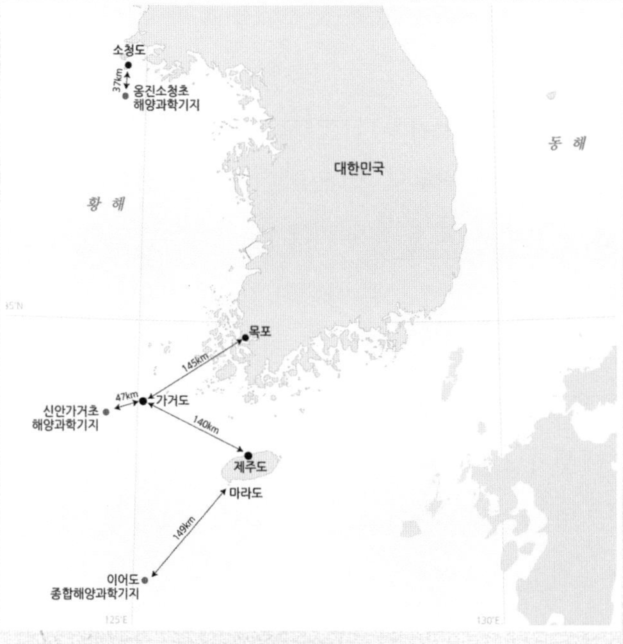

우리나라 해양과학기지(관측소).

니라는 사실이 확인됐다. 표층 1.5m 정도만 단단한 응회암일 뿐 그 아래는 모래와 점토로 된 퇴적층이었다. 마치 겉만 단단하고 속은 말랑말랑한 과자 초코파이 같은 상태였다.

지반 조건이 애초 예상과 달랐기 때문에 파일을 해저에 견고하게 설치하기 위해 스커트파일skirt pile 공법을 쓰기로 했다. 기존에 계획한 지름 1.6m짜리 기둥 4개 외에 보조 파일 4개를 더 박는 방식이다. 만약 지반 조사를 제대로 하지 않고 설계를 진행했다면 세운 뒤 얼마 되지 않아 쓰러졌을지도 모를 일이었다.

최악의 난공사, 세계 최초 도전

이어도 해역은 바람과 파도가 세기로 유명한 곳이다. 난류와 한류가 섞이는 해역이라 해무도 잦다. 더구나 해마다 10여 차례 발생하는 태풍의 길목이다. 지진 발생 가능성도 있다. 이런 환경에 견디려면 과거와 현재의 기상정보뿐 아니라 앞으로 100년간 겪게 될 파랑과 바람, 유속 등을 통계적으로 예측해야 한다.

해양 수치 모델로 계산한 결과 이어도 기지는 최대파고 24.6m, 순간 최대풍속 초속 75.5m, 조류 유속 초속 2.34m 이상을 견뎌야 하는 것으로 확인됐다. 구조물 수명 50년, 피로수명 100년을 기준으로 한 설계조건이다. 피로수명이란 구조물이 반복적 하중을 받아 파괴될 때까지의 시간을 말한다.

악천후 바다 한복판에 거대한 철골 구조물을 세우는 일은 간단

이어도 기지 하부 자켓 구조물 선적.

이어도 기지 상부 덱 구조물을 운송바지선에 선적한 모습.

한 일이 아니었다. 한국은 물론 세계 최초의 도전이자 난공사였다. 육지에서 이렇게 멀리 떨어진 망망대해에 철골 해양기지를 지은 일은 전 세계에 유례가 없었다. 참고할 만한 국내외 사례가 없어 대부분의 과정을 직접 구상하고 준비해야 했다. 구조물 설계는 물론 장비 구입, 제작, 배열까지 모두 처음 부딪치는 일의 연속이었다.

특히 건설공법을 놓고 많은 논의가 오갔다. 요동기둥형 타워, 파일형 타워, 콘크리트 케이슨 타워 등 여러 공법의 장단점을 검토한 결과, 안정성이 높고 외부 기술력에 의존하지 않아도 되는 고정식 자켓(재킷, jacket)형 타워 공법으로 결론지었다. 이 공법은 해저 바닥에 고정되는 하부구조물과 그 위에 올리는 상부구조물로 나눠 제작한 뒤 결합하는 방식이다. 제작·시공은 세계 굴지의 조선사인 현대중공업이 맡았다. 2001년 8월부터 하부구조물 자켓은 목포 현

이어도 기지 설치 현장으로 하부 자켓 구조물 운송.

대삼호중공업에서, 갑판에 해당하는 상부 구조물 덱(데크, deck)은 울산 현대중공업에서 제작에 들어갔다. 자켓은 가로 32.5m, 세로 12m, 높이 50.5m, 무게 1,258톤이고, 덱은 가로 24m, 세로 21m, 높이 23.2m, 무게 950톤의 철골 구조물이다.

2002년 10월 하부 자켓이 먼저 완성됐다. 자켓은 목포항에서 무동력 바지선에 실려 현장으로 예인됐다. 그런데 설치 준비작업 중 갑자기 폭풍이 몰려왔고 초속 40m 이상 강풍에 거센 파도가 몰아쳤다. 그 와중에 앵커 줄이 끊어져 바지선 1척이 표류하는 사고가 났다. 작업팀은 구조선을 보내 5일 만에 상하이 앞바다까지 떠내려간 바지선을 끌고 왔다.

어렵사리 재개된 자켓 설치 작업은 말 그대로 악전고투였다. 애초 작업기간을 15일로 잡았으나 기상 문제 등으로 40일이 걸렸다.

이어도 기지 하부 자켓 구조물의
항타를 끝낸 모습.

이어도 기지 상부 덱 구조물을
하부 자켓 구조물에 결합하기 위한 공정.

부단한 시도 끝에 자켓은 GPS 시스템으로 예정된 위치에 정확히 설치됐다. 이어도 정봉에서 남쪽으로 700m 떨어진 수심 41m 평평한 해저 바닥이다.

여섯 달 뒤인 2003년 4월에는 상부 덱이 완성돼 울산 현대중공업 부두에서 출발했다. 자켓 위에 덱을 결합하는 작업은 전체 공정의 핵심이자 가장 난이도 높은 작업이었다. 덱을 싣고 간 바지선은 때아닌 태풍을 맞아 제주도로 피신했다가 다시 접근했다.

작업팀은 8시간의 사투 끝에 와이어로 덱을 들어 덱 다리를 자켓 구멍에 끼우는 데 성공했다. 거친 파도를 이겨내고 하부 자켓 위에 덱이 정확히 거치되어 마침내 이어도 해양과학기지가 그 위용을 드러냈다. 8년여에 걸친 도전과 시련, 모색과 협업이 결실을 맺는 감격의 순간이었다.

이어도 기지 하부 자켓 구조물을 크레인으로 들어 올리는 공정.

하부 자켓 구조물을 해저에 고정시키는 파일을 항타하는 모습.

해양과학기지는 최근 100년간 내습한 태풍 중 가장 강력했던 태풍의 파고(18.24m, 1998년 셀마)와 풍속(58.3m, 2000년 프라피룬)을 상정해, 이보다 강한 태풍에도 견딜 수 있도록 제작되었다. 실제로 완공 직후인 2003년 9월, 한반도에 막대한 피해를 준 태풍 매미를 끄떡없이 견뎌냄으로써 견고함이 확인됐다. 이후에도 오늘까지 많은 강력한 태풍을 이겨내고 꿋꿋이 주변 바다를 지키고 있다.

이어도 해양과학기지는 설계부터 제작, 설치, 운영 등 모든 과정이 한국의 독자 기술에 의해 시행됐다. 그런 만큼 국내 해양 관련 기술 수준을 한 계단 업그레이드했다. 또 황해 가거초와 소청초에 제2, 제3의 해양과학기지를 건립하는 데에도 주춧돌이 됐다. 이어도 해양과학기지가 한국의 21세기 해양강국 전진기지임은 이견의 여지가 없다.

해양과학기지 건설 예산은 초기에 산출된 126억 원(1994)에서 입찰공고 시 예정 금액 165억 원(2000), 최종 비용 212억 원으로 늘어났다. 애초 준공 목표는 2001년이었으나 날씨 등의 변수로 늦춰져 2003년 6월 공사를 마쳤으며, 해양과학기지는 시운전을 마치고 2003년 6월 11일 준공 테이프를 끊었다.

삼성 로고 붙을 뻔했던 해양과학기지

이어도 해양과학기지 건설 계획 초기에는 정부 예산을 확보하는 것이 쉽지 않았다. 당시 경제부총리는 해양기지를 건설한다면 관광코스로 개발해 차후 기부채납을 받는 게 어떻겠냐는 의견을 제시할 정도였다. 하지만 관광사업에 선뜻 나서는 민간 회사가 없었다.

그런 상황에서 삼성그룹이 건설을 맡겠다고 나섰다. 해양플랜트 건조 경험이 있는 삼성중공업이 기술과 자본을 대겠다는 제안이었다. 조건은 이어도가 속한 4광구 개발권과 태풍 등 주요 이벤트가 발생했을 때 삼성 로고가 언론에 노출될 수 있도록 기지에 삼성 로고 표시를 하겠다는 것 등 두 가지였다. 정부는 이를 받아들여 건설 계획이 급물살을 탔다. 그런데 돌발변수가 발생했다.

1995년 4월 13일 이건희 당시 삼성 회장이 베이징에서 한국 특파원들을 만나 "우리나라 정치는 4류, 경제는 2류"라는 비판을 했다. 발언은 큰 파장을 낳았고, 이로 인해 김영삼 대통령과 이건희 회장의 관계가 급속히 얼어붙었다. 또한 그 여파로 삼성의 해양과학기지 건설도 중단 결정이 내려졌다. 하지만 기지 건설을 위해 밤낮없이 뛰어온 전문가·관계자들은 현장계측 등 준비작업을 늦추지 않았다. 민자 유치로 건설될 뻔했던 해양과학기지는 결국 1996년 이후 순수 정부 예산으로 완성됐다.

전자동 무인운영 시스템

이어도 해양과학기지는 최첨단 해양, 기상, 환경 관측체계를 갖추고 해양·기상 예보, 어장 예보, 지구환경 보전, 해상교통 안전, 연안재해 방지, 기후변화 예측에 필요한 자료를 실시간으로 수집, 제공한다. 카메라, 초음파 센서 등 감시시스템은 기지에 접근하는 대상에 대해 중국어·일본어·영어·한국어 등 4개 국어로 경고 방송을 한다. 육지에서 멀리 떨어진 바다에 이런 장비와 체류 연구 시설을 갖춘 해양기지는 다른 나라에서는 찾아볼 수 없다.

해양과학기지의 내부는 과연 어떻게 생겼을까. 1,300㎡ 안팎의 플랫폼 상부구조는 여러 층의 덱으로 구성돼 있다. 수면 위 16m 높이의 1층 덱intermediate deck은 수중 관측 장비 운용시설을 갖추고 있다. 24m 높이의 2층 덱cellar deck엔 디젤발전기, 담수화시설, 유류 저장탱크, 크레인, 전동사다리 등 설비가 있다. 그 위 29m 높이의 3층 덱main deck엔 세미나실, 거주실, 식당, 전기실, 제어실 등이 있다. 33.5m의 4층 덱roof deck엔 기상·대기환경·조위·파랑 관측시설과 태양광 패널, 등대 시설을 갖췄다. 이어 36m 높이 덱heli deck은 피난 구조, 비상시 이동을 위한 헬리콥터 이착륙장이다. 덱 하부엔 선박 접안 시설이 설치돼 있다.

연구·시설관리 근무자들의 상주 공간에는 냉장고, 세탁기, 에어컨, 난방기 등의 생활시설이 완비돼 있다. 10명 안팎의 인원이 최소 2주일간 외부 지원 없이 숙식할 수 있으며, 휴대전화와 인터넷, 위성방송도 들어온다.

이어도 기지의 그림자. 사람들이 자기의 그림자를 잊고 지내는 것처럼 이어도도 관심을 기울이지 않으면 그 존재 가치는 없어질지도 모른다. 우리의 지속적인 관심이 필요하다.

또한 이어도 기지는 다양한 관측 장비를 갖추고 있다. 수온, 염분, 밀도, 파랑, 해류·조류, 조석, 엽록소 등을 측정하는 해양관측 장비와 기온, 기압, 풍향, 풍속, 습도, 일사·일조량 등을 측정하는 기상관측 장비, 미세먼지, 오존, 환경방사능 등을 감시하는 대기환경관측 장비가 장착돼 있다. 무궁화위성 안테나, 태양광 발전기, 담수화 시설, CCTV 등도 설치돼 있다.

해양과학기지는 높은 파도, 강풍의 영향을 지속적으로 받기 때문에 항상 구조물의 안정성을 점검해야 한다. 이를 위해 가속도계, 경사계, 변형률계 등 자체 안전계측 장비가 작동한다. 기지는 육지 시설보다 노후가 빨리 진행된다. 누전, 가스 폭발 등에 의한 화재 위험에 대비해 화재 감지·진압 시스템이 작동하고 있다. 구조물은 견고하게 지어졌지만 대형 선박과의 충돌 등 만약의 사고에 대비해 각종 안전장비를 갖췄다.

해양과학기지는 육지에서 전기를 끌어올 수 없어 자체적으로 전기를 생산해 사용한다. 바다에 풍부한 에너지는 파도지만 거대한 구조물이 필요하기 때문에 태양광과 풍력 발전시스템에 의지하고 있다. 부족한 경우 디젤 발전기를 가동해 전력을 생산한다. 물도 자체적으로 확보한다. 초기엔 빗물을 받아 정수해 생활용수로 썼으나 저장탱크가 새 배설물 등으로 오염돼 지금은 해수 담수화시설을 설치해 물을 조달하고 있다.

이어도 기지는 기본적으로 무인운영 시스템이다. 사람이 없더라도 모든 관측, 제어가 가능하도록 자동화 무인 시스템이 작동한다. 연구자들은 정기적으로 기지에 머물면서 점검을 하거나 각종 연구·탐사 활동을 한다.

이어도 해양과학기지의 1차적 기능은 해양과학 연구 플랫폼이다. 기지에서 생산되는 이어도 해역에 대한 관측자료들은 인공위성을 통해 실시간으로 국립해양조사원에 전송된다. 이들 관측자료는 분석·가공을 거쳐 육상 기상예보, 해양예보, 어장예보에 활용된다. 또 기상청 외에 소방방재청, 해군작전사령부 등에도 제공된다. 나아가 해상교통 안전, 지구환경 변화 분석, 해양생태계 변화, 해양 재해현상 이해와 대응 등을 위한 연구자료가 된다.

인공위성을 통한 해양 원격탐사는 광범위한 영역의 정보를 제공한다. 원격탐사 정보의 신뢰도를 높이기 위해서는 실제 해양에서

헬리콥터에서 본 이어도 해양과학기지.

의 관측값으로 검증·보정해야 한다. 이어도 기지는 육상에서 멀리 떨어져 있기에 그 역할을 효율적으로 수행할 수 있다.

이어도 주변 해역은 한·중·일 어선들이 많이 조업하는 어장이다. 연간 수십만 척의 선박이 항해하는 해역으로서, 해상사고의 위험이 상시 도사리고 있다. 이어도 기지는 안전 항해를 위한 항로표지 역할을 하며, 또한 해난사고 시 헬기를 활용한 인명구조의 거점 역할도 한다.

최근에는 중국 대륙으로부터 불어오는 미세먼지와 대기오염물질의 조성과 분포, 이동을 파악하는 기능도 수행하고 있다. 소청초 해양과학기지와 함께 고농도 미세먼지 원인 파악에 요긴한 정보를 제공한다.

이어도 기지는 고파랑, 강풍속 등 악조건에 장기간 노출된 해양 구조물이다. 그래서 늘 구조물의 안전성을 계측, 점검한다. 그 동적 특성을 분석함으로써 해양구조물의 안정성 대책을 마련하는 데 중요한 자료가 생산되고 있다.

내습하는 태풍의 최전선

기후변화에 따른 해수온 상승, 태풍과 이에 수반한 폭풍해일, 지진과 쓰나미 등 해양 재난·재해 현상들은 동중국해 주변국에 큰 재난이 될 수 있다. 그중에서도 태풍은 주기적으로 한·중·일에 피해를 주는 환경 리스크다.

이어도 해양과학기지는 한반도로 내습하는 태풍을 가장 먼저 온몸으로 맞는 최전선이다. 태풍은 전선을 갖지 않는 대류권 내 순환성 난기류로서 북서태평양에서 발생하는 열대저기압이다. 저기압 중 중심 부근의 최대풍속이 초속 17m 이상을 기록할 때 태풍으로 분류된다. 소방방재청은 우리나라에서 발생하는 자연재해 중 태풍으로 인한 강풍, 호우, 파랑 피해가 전체의 63%에 이른다고 밝혔다.

한반도에 영향을 주는 태풍 절반 이상이 이어도 해역을 통과한다. 미국 합동태풍경보센터JTWC의 자료에 따르면 1950~2008년 사이 이어도 기지로부터 반경 150㎞ 이내를 통과한 태풍 58개 중 54%가 한반도에 상륙한 것으로 확인된다.

특히 2012년까지 순위 10위 이내의 재산피해를 가져온 강력한 태풍 루사, 매미, 올가, 볼라벤, 셀마, 산바 등은 모두 이어도 해역을 통과했다. 루사와 매미로 인한 재산피해액은 각각 약 5조 1,000억 원, 4조 2,000억 원에 달했다.

해양과학기지 구축 직후 한국을 강타한 태풍 매미의 경우, 이어도 기지에서 남해안 상륙 8시간 전 기상청 등에 실시간으로 태풍 정보를 제공함으로써 재난 대비에 크게 기여했다. 지금까지(2022년 7월 기준) 이어도 기지에서 관측된 것 중 가장 위력이 강한 태풍은 2012년 볼라벤이었다. 볼라벤은 중심 부근이 이어도 기지를 통과하면서 최대풍속 초속 45.3m, 최대파고 17.3m를 기록했다. 태풍 때엔 관측정보뿐 아니라 이어도 해역 CCTV 영상이 실시간으로 전송된다.

태풍이 이어도 기지를 지날 때 해양 표층과 저층에서는 급격한 수온 변동이 일어난다. 태풍이 휩쓸면서 저층 해수와 표층 해수가 급격히 혼합돼 표층 수온이 갑자기 떨어지는 것이다. 최대 12℃까지 수온이 떨어지는 것이 관측되었는데, 이처럼 급격한 수온 변동은 세계적으로 관측된 사례가 매우 드물다.

이어도 해역은 한반도에 영향을 주는 태풍의 진로와 강도를 판단하는 중요한 곳이다. 태풍이 접근할 때의 풍속과 방향, 습도와 기압, 바다의 파고 등 관측자료는 모두 태풍의 진로와 강도를 결정짓는 요인이다. 그런 만큼 태풍 예보에는 실시간 관측과 정보 제공, 분석이 관건이다. 해양과학기지는 태풍 예측 모델을 개선·보정하는 데 핵심 자료를 제공해왔다.

여러 연구 결과 기후변화로 인한 태풍 강도의 변화와 그에 따른 피해의 증가가 밝혀지고 있다. 그러나 구체적으로 한국에 영향을 주는 태풍에 대해서는 아직 연구가 미흡한 상태다. 이어도 기지에서 수행하고 있는 장기 관측과 연구는 북서태평양 지역 태풍의 진로와 강도, 결정 요인을 명확히 밝혀내는 데 초점을 맞추고 있다.

기후변화는 최소 30년 이상의 시간 규모에 해당하는 현상이다. 이를 파악하기 위해서는 장기적이고 지속적인 관측이 필요하다. 이어도 해양과학기지는 50년 이상의 장기 관측 수행이 가능하므로 기후변화 연구에 적합한 조건을 가지고 있다.

이어도 해양과학기지에서 다년간 축적한 기술과 자료들이 최근 빛을 발하기 시작했다. 해양과학기지가 생산한 각종 관측자료는 2018년 유엔 산하 대양관측망 네트워크OceanSITES에 등록되었으며, 2019년부터는 지구 해양산성화 관측망GOA-ON에 등록돼 세계적으로

이어도에서도 휴대폰 터진다

이어도 인근 해역에서는 휴대폰 사용이 가능하다. SK텔레콤이 이어도 해양과학기지에 기지국을 설치한 덕분이다. 물론 인터넷과 위성방송도 잡힌다. 이어도 기지국은 반경 35㎞ 안까지 서비스를 제공하는데, 외딴 공해상 기지국이지만 의외로 하루 통화가 3만 콜에 이를 정도로 사용량이 많다고 한다.

누가 거기서 휴대전화를 사용할까. 해양과학기지 근무자들도 있지만 대부분은 인근 해역에서 조업하는 어선들이다. 동중국해에서 조업하는 어선들도 통화가 필요할 때면 이어도 근처로 와서 휴대폰 통화를 하곤 한다. 이곳 해역에 출몰하는 중국 어선과 해외 선박들이 지나가면서 로밍 통화를 많이 해 로밍 수익도 꽤 된다고 한다. 또한 해상안전을 맡은 해양경찰선도 유용하게 이용한다. 2010년 4월 인근 해역에서 5만 5,000톤급 벌크선 좌초 사고가 났을 때는 선원과의 신속한 통신으로 전원 무사히 구조될 수 있었다. 2013년 11월엔 해양과학기지 근무자가 언론사와 전화 인터뷰를 했다. 당시 앵커가 "우리나라 휴대폰 서비스가 되니 우리 영토 아니겠습니까"라고 말해 환호가 터져 나오기도 했다.

그러나 이어도 기지국은 해상 한가운데 있어 기후와 해수에 의한 부식, 고장이 잦다. 고장이 나면 SK텔레콤 기술진이 출동하는데, 선박 접안이 1시간 이내로 제한돼 있어, 그 시간 안에 수리가 어려울 경우 아예 며칠씩 체류하며 고칠 수 있도록 일주일치 체류물품을 갖추고 간다고 한다.

활용되고 있다. 이어도 기지의 지리적 이점과 관측정보의 우수성을 바탕으로 과학·기술 분야 국제협력의 길이 열리고 있는 것이다. 해양과학기지 활용과 협력을 통해 공동 번영을 추구함으로써 이어도가 세계에 널리 알려질 것이라는 기대도 해본다.

전용쾌속선 '해양누리호'가 간다

이어도 해양과학기지는 2003년 한국해양연구원(현 한국해양과학기술원)이 건립해 2006년 12월까지 운영을 맡았다. 이후 2007년 1월부터 해양수산부 국립해양조사원으로 운영 주체가 이양되었다.

국립해양조사원은 바다에 대한 연구·조사와 항해 안전, 해양 개발을 위해 설립된 종합 해양정보기관이다. 1949년 11월 설립된 해군본부 작전국 수로과를 모태로, 국토교통부 수로국 등 여러 명칭과 소속을 거쳐. 1996년 8월 국립해양조사원으로 거듭나면서 해양관측 기능이 강화되었다. 대외적으로는 국제수로기구IHO에 한국을 대표하는 기관으로 참여하고 있다.

핵심 업무 중 하나는 수심, 해저지형, 해안선 등 측량을 통한 해도와 전자해도 작성이며, 작성된 해도는 군과 해운업체, 수산업체 등 민간에 제공된다. 또 조석, 조류, 해류, 바다 갈라짐 등을 관측해 홈페이지를 통해 예보하고 또한 해수욕장이나 안전한 바닷길, 해양레저 정보 등 다양한 해양활동도 지원한다. 기후변화 연구를 통해 바다 환경보호와 효율적 이용, 해양 관련 정책 수립을 뒷받침하는

이어도 해양과학기지 주변을 선회하는 국립해양조사원 소속 전용선 해양누리호(사진: 이준성).

역할도 하고 있다. 2019년에는 국가해양위성센터를 신설해 해양조사 기술을 우주로 확대했으며 해양쓰레기 문제, 괭생이모자반 관련, 광역 해양관측 등의 분야에서 성과를 낳고 있다.

국립해양조사원은 해양관측과, 해양예보과, 수로측량과, 해도수로과 등 4개 과와 해양과학조사연구실, 동·남·서해 3개 지방사무소로 이뤄져 있다. 또 52~2,161톤급 해양조사선 8척을 운용하고 있다. 해양조사선은 관측 장비를 탑재하고 수심, 해저지형, 해류, 바닷물 온도, 해류 방향과 속도, 암초, 해양생물 등 조사에 투입된다. 이들 선박 가운데 이어도 해양과학기지 관리를 전담하고 있는 것은 '해양누리호'이다. 해양누리호는 이어도 기지의 효율적 관리·운용

이어도 해양과학기지 전용선 해양누리호와 고무보트(국립해양조사원 제공).

을 위해 사업비 82억 원을 들여 건조한 90톤급 전용선으로, 2011년 11월 18일 취항했다. 이 전용선이 마련됨으로써 이제는 언제든 이어도로 달려갈 수 있게 됐다.

해양누리호는 길이 33m의 날렵한 선체에 최대속도 35노트(시속 65㎞)의 쾌속을 자랑한다. 기존 선박은 제주도에서 이어도 기지까지 8시간 이상 걸렸지만 해양누리호는 제주도에서 이어도까지 5시간 이내에 주파한다. 선체가 크지 않아 기지 접안에 적합하고, 안전 운항을 위한 충돌방지용 레이더, 자동항법장치, 전자해도 시스템 등 첨단 항해장비뿐 아니라 다중음향측심기, 수중 장애물 탐사기

등을 탑재하여 긴급 해양탐사도 할 수 있는 장점이 있다.

이어도 해양과학기지는 2014년부터 체류형 연구기지로 운영되고 있다. 국립해양조사원은 수산과학원, 한국해양과학기술원, 원자력안전기술원, 한국해양대, 부산대, 부경대, 서울시립대, 제주대 등 8개 기관과 함께 2~3주씩 릴레이 체류 연구활동에 들어갔다. 2014년 체류일은 총 198일로 고층기상, 해양생물, 해양환경 등 15개 연구과제를 수행했고, 연인원 1,068명이 연구에 참여했으며, 하루 평균 5.4인이 체류한 것으로 나타났다. 체류 연구를 위해 해양누리호는 22회 운행했으며 학술성과로 학술논문 4건(SCI급 2편 포함)과 학술발표 11건, 기고문 1건 등이 보고됐다.

국립해양조사원은 험한 환경에 노출되어 있는 해양과학기지의 유지·보수 점검도 게을리하지 않는다. 위성통신 원격 관리 서버나 CCTV 영상신호 접속 불량, 실시간 데이터 전송 시스템 고장 등 다양한 사유로 긴급 복구에 나서는 경우가 많다. 특히 태풍 강도가 갈수록 세지면서 태풍 때마다 시설과 설비에 피해가 발생하곤 한다.

이어도 해양과학기지는 대중에게 개방돼 있지 않지만, 네이버 항공뷰·거리뷰로 누구나 기지 안팎 모습을 생생하게 볼 수 있다. 국립해양조사원은 첨단장비로 촬영한 기지 전경과 내부의 파노라마 영상을 제공하여, 마치 기지에 있는 것처럼 실시간으로 현장의 모습을 둘러볼 수 있게 했다. 또 무인항공기로 촬영한 영상으로 다양한 위치와 각도에서 수중 이어도와 이어도 해양과학기지를 관찰할 수 있다.

이어도 해양과학기지는 인공섬?

한국이 세운 해상구조물인 해양과학기지는 국제적으로 어떻게 인식될까. 이런 문제를 따질 때 준거가 되는 국제규범이 '유엔해양법협약UNCLOS, The United Nations Convention on the Law of the Sea, 이하 '해양법''이다. 해양법은 배타적 경제수역에서 생물·무생물 등 천연자원 탐사, 개발, 보존, 관리와 해수·해류·해풍을 이용한 에너지 생산 등에 대한 연안국의 주권적 권리를 보장하고 있다. 동시에 인공섬artificial island 설치 등에 대한 관할권을 부여했다. 하지만 인공시설물에 대해서는 법적 권리를 창출하는 지위를 인정하지 않는다. 다만 연안국의 시설물로서 보호받는 재산권의 대상이 되며, 정당한 재산권 행사에 필요한 범위 내에서 연안국이 필요한 권리를 행사할 수 있도록 규정하고 있다. 즉 이어도 해양과학기지는 국제법적 근거가 없되, 대한민국이 설치한 인공구조물로서 재산권과 관할권을 행사할 수 있다는 것이다.

그렇다면 이어도 기지가 인공섬으로 인정될 수는 없을까?

인공섬 문제는 국제사회에서 복잡한 논의를 거쳐왔다. 해양공학 기술의 발전에 따라 해양 위 시설물로 선박 외에 인공섬, 해양시설offshore installation, 해양구조물offshore structure 등이 새로운 이용수단으로 등장했다. 이들 시설물은 내수에서 영해, 배타적 경제수역, 대륙붕, 공해, 심해저에 이르기까지 광범위하게 설치돼 있다. 특히 지구온난화로 인한 해수면 상승에 따라 수몰되는 작은 섬나라에서 인공섬 등의 건설이 대안으로 주목받고 있다. 근년에는 중국이 남중국해 인공섬을 건설해 해양관할권 분쟁을 일으키면서 인공섬 건설의 법적 효력이 국제적 관심사로 떠올랐다.

이어도는 수중 암초지만 해양과학기지를 설치했으니 섬에 준하는 국제법상 지위를 인정받을 수 있지 않을까. 이어도 위에 세운 인공구조물이 영토로 인정받거나 해양관할권 설정의 근거가 되지 않겠느냐는 기대다. 실제로 간출지나 해저 인공구조물을 섬으로 인정해 해양수역을 갖도록 할 것이냐는 문제가 논란의 대상이 되곤 했다.

하지만 인공구조물에 대해서는 해양수역을 인정하지 않도록 규정되어 있다. 해양법은 어떤 지형이 섬의 지위를 얻기 위해서는 '자연적으로 형성된naturally formed' 것이어야 한다고 규정하고 있기 때문이다.

인공섬과 해상구조물은 다르다. 인공섬은 바닥이 해저에 완전히 고착되어 있는 반면, 해상구조물은 기둥에 의해 고착되거나 해상에 떠서 닻에 의해 고정된 것을 말한다. 이어도 해양과학기지는 기둥에 의해 해저에 고착돼 있을 뿐 해저와 연결된 것이 아니므로 해상구조물로 봐야 한다. 따라서 이어도가 인공섬이 되려면 해저에 고정되어 해면 위로 돌출될 수 있도록, 콘크리트로 영구적 구조물을 만들어야 한다. 이어도 주변을 매립하여 인공적으로 수면 위로 돌출시키면 인공섬이 될 수는 있을 것이다. 그렇다고 국제법적 효력을 갖는 섬이 될 수는 없다. 결국 이어도 해양과학기지로 인해 한국 영토가 확장될 수는 없는 것이다.

이어도 해양과학기지 설치의 국내법적 근거는 '배타적 경제수역법' 제3조(배타적 경제수역에 있어서의 권리)와 제5조(대한민국의 권리행사 등)다. 이들 조항은 이렇게 규정한다.

"유엔해양법협약상 대한민국은 배타적 경제수역에서 인공섬·시설 및 구조물의 설치와 사용에 관한 관할권을 가지고 있다(제3조 제1호). 이러한 권리를 행사 또는 보호하기 위하여, 인공섬·시설 및 구조물에서의 법률관계에 대해서도 대한민국의 법령이 적용된다(제5조 제1항). 그리고 대한민국의 배타적 경제수역에서 대한민국의 법령을 위반한 혐의가 있다고 인정되는 자에 대해서 관계 당국은 유엔해양법협약 제111조 규정에 의한 추적권의 행사, 정선·승선·검색·나포 및 사법 절차를 포함하여 필요한 조치를 취할 수 있다(제5조 제3항). 이러한 권한은 대한민국과 관계국 간 별도의 합의가 없는 경우라도 대한민국과 관계국의 중간선까지 행사할 수 있다(제5조 제2항)."

반경 500m '안전수역'

이어도 해양과학기지는 대양 한가운데 외로이 서 있다. 무인시스템으로 감시할 뿐 상주하여 시설을 지키는 방호인력이 없다. 만약 외국 배가 침범하는 등 범죄행위가 있을 때 공해상에서 공권력 행사를 할 수 있을까? 그리고 그럴 경우 국제법상으로 정당화될까?

이런 의문은 해양법상 '안전수역safety zone' 규정이 해소해준다. 해양과학기지는 항행과 시설·구조물 안전을 보장하는 반경 500m 안전수역의 보호를 받을 수 있다. 해양법 제60조 관련 규정은 다음과 같다.

"연안국은 필요한 경우 항행의 안전과 인공섬·시설 및 구조물의 안전을 보장하기 위하여 해당 인공섬·시설 및 구조물의 주위에 적절한 조치를 취할 수 있는 합리적인 안전수역을 설치할 수 있다. 연안국은 적용 가능한 국제기준을 고려하여 안전수역의 폭을 결정한다. 이러한 수역은 인공섬·시설 또는 구조물의 성격 및 기능과 합리적으로 연관되도록 설정되고, 일반적으로 수락된 국제기준에 의하여 허용되거나 권한 있는 국제기구가 권고한 경우를 제외하고는 그 바깥쪽 끝의 각 점으로부터 측정하여 500m를 넘을 수 없다. 안전수역의 범위는 적절히 공시한다. 모든 선박은 이러한 안전수역을 존중하며 인공섬·시설·구조물 및 안전수역 주변에서 일반적으로 수락된 항행에 관한 국제기준을 준수한다. 인공섬·시설·구조물 및 그 주위의 안전수역은 승인된 국제항행에 필수적인 항로 이용을 방해할 수 있는 곳에 설치할 수 없다."

한국 정부는 해양과학기지 완공 직후 해양법에 의거해 기지 구조물 주위 500m를 안전수역으로 설정했다. 국립해양조사원은 2003년 7월 11일자 항행통보로 안전수역 설치 사실을 공표했으며 안전수역 설치는 수온, 파랑, 조위, 기온, 풍향, 풍속 등 실시간 해양 관측 모니터링을 위한 것임을 명시했다.

국제법상 배타적 경제수역 내에서는 항행의 자유가 인정된다. 따라서 외국 군함 등이 한국의 배타적 경제수역 안에서 항행하는 것이 가능하다. 즉 중국 해양감시선이 일방적으로 이어도 주변에서 해양조사를 벌이거나 해양과학기지 주변을 돌며 위협적인 행동을 할 가능성을 배제할 수 없다. 안전수역은 이런 행위를 막을 수 있는 최소한의 장치다.

이어도 해양과학기지는 국내법인 '선박 및 해상구조물에 대한 위해행위의 처벌 등에 관한 법률'로도 보호받는다. 이 법은 국제법인 '항행 안전에 대한 불법행위 억제협약'에 근거한 국내 이행법률로서 운항 중인 선박과 해상구조물에 대한 위해행위를 방지함으로써 선박의 안전한 운항과 해상구조물의 안전을 보호할 목적으로 제정되어 2021년 3월 시행됐다.

2009년에는 영해 밖에 설치된 해양시설 주위에 '보호수역'을 설정하여 일반 선박의 접근을 막을 수 있도록 하는 '해사안전법'이 제정됐다. 이 법 제8조는 해양수산부 장관이 해양시설 부근 해역에서 선박의 안전항행과 해양시설의 보호를 위한 보호수역을 설정할 수 있게 했다. 보호수역에 들어가려면 해양수산부 장관의 허가를 받도록 규정하고 있다.

이와 함께 이어도 해상과학기지와 같은 해상구조물의 안전을 위험하게 할 목적으로 자행되는 불법행위, 즉 폭행·협박·상해·치상·치사·살인, 선박 납치, 선박 등 손괴•, 선박 운항 관련 기기·시설 손괴, 위험물건 설치·탑재, 허위정보 전달 등을 처벌하는 국제법과 국내법의 규정이 있다.

이어도는 더 이상 전설의 섬이 아니다. 한국 해양과학의 교두보인 해양과학기지를 떠받치고 있는 실체다. 자원·에너지·환경·해운·물류 등 해양 성장동력을 개발하는 전진기지로 우리 앞에 성큼 다

• 물건을 망가뜨리는 일.

가왔다. 또 이어도 해역은 각종 해양정보, 해양과학 자료, 해양생물 자원의 보고다. 그곳에 우뚝 선 해양과학기지는 해양주권을 상징한다. 이렇게 어렵게 건립한 해양과학기지를 잘 관리·운영·활용하는 것이 우리에게 남겨진 과제일 것이다.

그 섬에 한번 가보고 싶은데

이어도가 그 바다에 있고, 해양과학기지가 있으니 누구라도 한 번쯤 가볼 수 있지 않을까?
이어도는 공해상이므로 교통수단만 있다면 가는 데 문제가 없다. 실제로 많은 어선, 화물선, 군함들이 이어도 해역을 오가고 있다. 하지만 아쉽게도 가보기는 어렵다.
해양과학기지에 오르려면 당국의 승인이 있어야 한다. 독도처럼 개인과 단체가 계획만 잘 세우면 갈 수 있는 곳이 아니다. 해양과학기지엔 헬기 이착륙장이 있어 제주도에서 헬리콥터로 1시간 30분이면 갈 수 있다. 하지만 바람이 워낙 세, 헬리콥터는 연중 운항 가능한 날이 며칠 되지 않는다고 한다. 그래서 국립해양조사원 직원들도 주로 배를 이용한다. 전용 해양조사선인 해양누리호로 부산에서 약 4시간 걸린다.
해양과학기지는 상주 인원 없이 국립해양조사원이 원격 통제하는데, 연구자와 관리자들은 필요에 따라 부정기적으로 2~10일씩 머문다. 배의 접안은 1시간 이내로 엄격히 제한돼 있으며 태풍철, 겨울 등 파고가 높아 접안이 불가능한 경우도 많다.

제5장

'우리 바다 이어도'의 경계와 관할권

이어도 해양과학기지가 세워지면서 주변 해역에 대한 국민적 관심이 높아졌다. 무엇보다 이곳 바다가 한국의 관할 영역이자 해양영토라는 인식이 생겼다. 해양과학기지라는 실체를 매개로 이어도 해역 관할권의 정당성이 살아나게 된 것이다. '독도는 우리 땅, 이어도는 우리 바다'라는 직감적인 문구까지 나왔다.

사실 해양과학기지 설치가 주변 해역에 대한 관할권의 국제법적 근거가 될 수는 없다. 하지만 실효 지배에 버금가는 상징적 효과가 있음은 부인할 수 없다. 바다를 '제2의 국토'로 여기는 주권의식이 공존의 출발점이 될 수도 있다.

'국제 바다 헌법' 해양법 탄생

바다는 땅처럼 경계를 표시하기 어려워 분쟁이 자주 일어난다. 항해와 조업, 관할권을 놓고 다툼이 일곤 한다. 바다에 관한 규범을 대표하는 국제법은 유엔해양법협약이다. 해양법은 영해, 배타적 경제수역, 대륙붕 등 해양경계를 규정하고 국제 해양질서 유지, 해양분쟁 해결의 근거가 된다. 이 협약은 유엔 회원국 간 협의를 거쳐 1982년 4월 30일 채택되고, 1994년 11월 16일 발효됐다.

해양법은 무역의 필수요소인 항행의 자유와 자국 연안 관할권 행사 과정에서 빚어진 갈등의 결과물이다. 해양에서 국가의 활동을 규율할 수 있는 합리적 틀로서 수세기 동안 발전해온 협상과 타협의 산물이라 할 수 있다.

항행의 자유 논쟁은 대항해시대로 거슬러 올라간다. 네덜란드의 법 사상가 휴고 그로티우스Hugo Grotius는 1609년 바다를 항행하는 것은 모든 사람의 자유라고 강조하면서 '자유해양Mare Liberum'을 주창했다. 이에 영국의 법학자 존 셀든John Selden은 1635년 '폐쇄해양Mare Clausum'을 주장했다.

셀든은 성경과 역사적 관행을 근거로 하느님의 법이 바다의 사유를 허용한다며, 역사적으로도 많은 나라가 인접 바다를 소유·지배했다고 논박했다. 하지만 이 논쟁은 힘의 논리를 바탕에 깔고 있음이 곧바로

휴고 그로티우스의 초상화.
(Michiel Jansz. van Mierevelt, 1631, 프랑스 콩데 미술관 소장)

존 셀든의 초상화.
(작자 미상, 영국 국립초상화미술관 소장)

드러났다. 영국은 우월한 해군력을 갖춘 막강한 해양국가로 떠오르자 기존 입장을 바꿔 자유로운 항해와 해양의 자유를 주장했다. 결국 자유해양 이론이 승리했다고 평가할 수 있다.

해양 자유에 관한 논쟁은 2차 세계대전 종전 직후인 1945년 '트루먼 선언'이 발표되면서 새로운 양상으로 전개되기 시작했다. 이 선언은 "미국 연안 대륙붕의 모든 천연자원은 미국에 속한다"라는 내용이었다. 자국 영해 바깥의 인접 해양자원에 대한 배타적 권리를 일방적으로 선언한 것이다. 그러자 바다를 가진 나라마다 자유해양 원칙을 제한하고 자신의 관할권을 확장하려는 움직임이 나타났다. 이에 따라 국제규범의 필요성이 제기되었고, 유엔 차원에서 해양법 제정 방안이 구체적으로 논의되기 시작했다.

성문 해양법의 초석을 놓은 것은 1945년 설립된 유엔 산하 국제법위원회였다. 위원회는 1950년부터 성문화에 착수해 1956년 유엔총회에 해양법 초안을 제출했다. 이후 1958년 1차 유엔해양법회의, 1960년 2차 해양법회의가 열렸다. 3차 해양법회의는 160개국이 참가한 가운데 1973년부터 1982년까지 진행되어, 사상 최장기 국제회의라는 진기록을 남겼다. 그만큼 각국의 의견이 첨예하게 부딪혔다는 얘기다.

이렇게 탄생한 해양법은 영토 주권territorial sovereignty 원칙과 공해 자유freedom of high seas 원칙의 상호작용 속에서 조율됐다. 시대의 요구에 따라 갈등하는 두 원칙 사이에 협상과 타협이 이뤄졌다. 해양법은 해양을 육지의 연장으로 간주하고, 해양에 대한 국가의 주권적·경제적 권리를 대폭 강화했다. 20여 년간 치열한 협상을 거쳐 도출된 해양법은 가장 포괄적인 해양 관련 성문법으로 흔히 '해양에 관한 헌법'이라 불린다. 전문과 본문 17부 320개 조, 9개 부속서, 최종의정서로 구성되어 있어, 외형상으로도 방대한 조항을 담고 있다. 내용은 영해 등 모든 해역과 해양환경, 해양과학 조사, 해양기술 이전, 분쟁 해결 제도 등을 포괄한다. 특징을 요약 정리하면 다음과 같다.

첫째, 영해의 범위를 12해리로 확정했다. 해양법은 오랫동안 대립해온 영해 문제에 대한 국제적 타협의 소산이다. 영해에 대해 기본적으로 연안국의 주권을 인정하면서도 자유로운 선박의 왕래를 보장했다. 제한적이기는 하지만 영해에서 타국 선박 역시 무해통항권이라는 형태로 항해의 자유를 누릴 수 있게 됐다.

둘째, 200해리(약 370㎞)의 배타적 경제수역 제도를 확립했다. 연안국들은 이 수역 안에서 독점적으로 경제적 활동을 할 수 있도록 법적 보장을 받게 되었고, 이에 따라 과거 공해였던 바다 면적의 36% 정도가 배타적 경제수역에 편입됐다.

셋째, 대륙붕의 정의를 확립했다. 기존의 대륙붕 협약은 천연자원 개발이 가능한 해저와 그 지하를 해안으로부터 거리와 상관없이 대륙붕으로 인정해, 과학기술 진보에 따라 대륙붕이 무제한 확장될 상황이었다. 해양법은 유엔대륙붕한계위원회CLCS의 개입을 통해 대륙붕의 외측 한계가 200해리 이원까지 확장될 수 있는 법적 근거를 명시했다.

넷째, 국가 관할권 밖에 새로운 법 제도를 확립했다. 심해저와 그 자원을 '인류 공동유산'으로 규정하고 국제해저기구ISA를 설립해 심해저 자원개발을 관리·규제하게 했다.

다섯째, 해양분쟁의 평화적 해결을 위해 국제해양법재판소ITLOS 설립을 규정했다.

이러한 해양법 발효로 국제사회에는 새로운 해양질서가 성립하게 되었으며, 해양 문제는 경제는 물론 외교·안보적 차원에까지 중대한 영향을 미치게 됐다. 각국은 해양 이익의 극대화를 목표로 자국에게 유리한 관할수역을 확보하기 위해 정치적·외교적·법적으로 다양한 노력을 기울이고 있다.

대한민국 해양영토, 이어도

흔히 이어도를 '대한민국 해양영토'라 한다. 해양법상 해양영토는 한 국가의 주권 또는 주권적 권리, 배타적 관할권이 미치는 해역을 의미한다. 영해 범위 12해리를 넘어 넓게는 배타적 경제수역과 대륙붕 수역까지 포괄한다.

해양법은 해양자원의 이용·채굴이 가능하도록 일정 면적에 대해 연안국에 관할권을 부여하고 있다. 각종 해양자원의 경제적 이용이 강조됨에 따라 배타적 경제수역과 대륙붕 획정 문제는 국익과 직결된 문제가 됐다. 연안국이 배타적 경제수역과 대륙붕에 대한 관할권을 행사할 수 있는 수역을 육상의 영토 개념과 등치시켜 '해

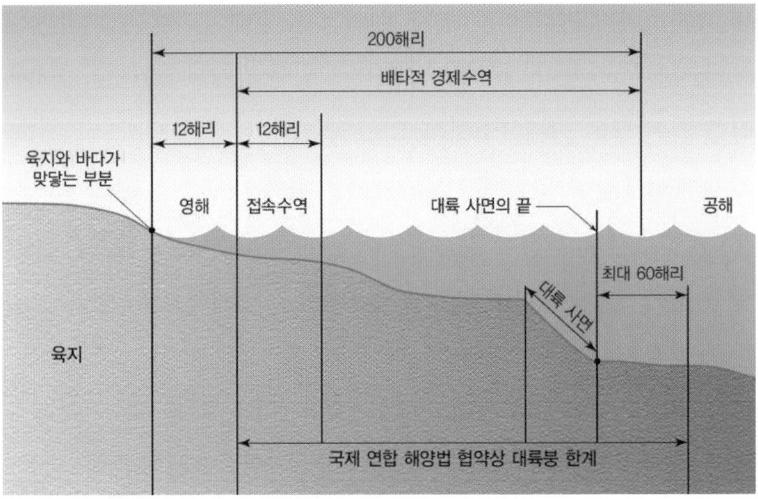

해역 개념도(한국해양재단).

양영토'로 지칭한 것이다. 이 규정 해석은 한 국가가 접한 관할해역을 넘어 개별 국가가 독점적 탐사와 개발권을 확보한 심해저와 과학기지를 운영 중인 극지까지 해양영토로 간주한다. 따라서 이어도를 대한민국 해양영토라고 하는 것은 무리한 표현이 아니다.

해양법은 관할해역을 내수internal waters, 영해territorial sea, 접속수역contiguous zone, 배타적 경제수역exclusive economic zone, 대륙붕continental shelf, 공해high seas, 심해저the area 등으로 구분한다. 해양영토의 범위는 기선baseline을 통해 결정된다. 모든 국가는 기선에서 12해리 범위 안에서 영해의 폭을 결정할 수 있다. 기선으로부터 24해리까지 영해의 바깥쪽 바다 중 영해를 제외한 해역은 접속수역에 해당한다.

기선에서 영해를 제외한 200해리까지는 연안국이 배타적 경제수역을 선포할 수 있다. 배타적 경제수역은 바다가 가진 다양한 잠재 가치로 인해 중요성이 높다. 대륙붕은 영해를 제외하고 육지영토의 자연적 연장이 기선부터 200해리 미만인 경우 200해리, 200해리를 넘는 경우 최대 350해리, 또는 2,500m 등심선으로부터 100해리까지 설정할 수 있다.

해양자원의 가치가 강조되면서 해양경계 획정을 둘러싼 국가 간 경쟁은 갈수록 치열해지고 있다. 해양경계에서 가장 중요한 기준선은 영해기선baseline of the territorial sea이다. 기선은 통상 모든 해양 관할권의 출발선으로서 지도상 연안의 저조선低潮線, low-water line, 즉 가장 낮은 조류 수위에 의해 형성되는 해안선을 따라 긋는다.

영해기점을 연결한 영해기선은 국가의 해양영토를 결정하는 근간이다. 해양법 체제에서 기선은 단지 영해 경계뿐 아니라 배타적 경제수역 등 해양 관할수역의 범위를 정하는 기준이 된다. 기선 설정으로 한 나라가 관할하는 해역이 정해지기 때문에 연안국에게는 매우 민감하고 중요한 사안이 아닐 수 없다.

문제는 해안선의 모양이 일정하지 않고 불규칙하기 때문에 영해기선을 일률적으로 정하기 어렵다는 것이다. 해양법에서는 기선을 통상기선normal baseline과 직선기선straight baseline으로 구분하는데, 통상기선은 육지의 저조선으로 확정된다. 예외적으로 깊게 굴곡지거나 잘려 들어간 지역, 또는 해안을 따라 가까이 섬이 흩어져 있는 지역에서는 적절한 지점을 연결하는 직선기선을 사용할 수 있다.

해양경계 획정을 둘러싼 갈등에서 늘 문제가 되는 것이 직선기선 적용이다. 직선기선 설정을 어떻게 하느냐에 따라 해양영토 면적이 크게 달라지기 때문이다. 해양법은 통상기선을 해양경계 획정의 기준선으로 삼고, 직선기선 적용을 엄격히 제한하고 있다. 그러나 일부 국가들이 자국의 이익을 위하여 무리하게 직선기선을 적용해 문제가 되곤 한다. 한국과 바다를 마주 보는 인접국 중국과 일본이 대표적인 예다. 두 나라 모두 무리하게 직선기선을 사용해 배타적 경제수역을 선포한 국가로 분류된다.

중국과 일본은 1996년 5월과 6월, 각각 국토 전 해안에 걸쳐 해양법상 요건을 넘어서는 직선기선을 채택, 공표했다. 두 나라의 확장된 직선기선은 한국과의 해양경계 획정에 영향을 줄 수밖에 없다. 해양분쟁은 바다를 접한 연안국이 해양영토를 무리하게 넓히려는 야욕을 가질 때 일어난다.

이해 충돌하는 배타적 경제수역

이어도는 한국과 중국이 각각 선포한 배타적 경제수역이 중첩된 해역에 있다. 이에 대해 정확히 이해하려면 해양법상 각 해역의 개념을 알아야 한다. 우선 영해는 육지와 동등한 주권이 미치는 바다 공간이다. 바다에 접해 있는 연안국이 주권적 권리를 행사할 수 있는 구역이다.

영해의 범위는 시대에 따라 바뀌어왔다. 18세기에는 '착탄거리설cannon-shot rule'을 기초로 해안에서 포탄 사정거리인 3해리를 영해의 폭으로 인정했는데, 이는 적어도 20세기 초까지 국제법상 중요한 원칙으로 유지되었다. 그런데 해양법은 “모든 국가는 본 협약에 따라 결정된 기선으로부터 12해리를 초과하지 않는 한계까지 영해의 폭을 설정할 권리를 갖는다”라고 명시했다.

연안국은 영해 내 통항과 관련해 항행의 안전, 해저전선·관선 보호, 생물자원 보존, 해양과학 조사, 수로 측량, 어업법령 위반 방지, 연안 질서유지 등에 관한 법률·규칙을 제정할 수 있다. 그리고 외국 선박은 통항권을 행사할 때 이 법률·규칙을 준수해야 한다. 한편 권한과 함께 의무도 있는데, 연안국은 외국 선박의 무해 통항을 방해해서는 안 되며 또 자국 영해 안에서 탐지한 항행상 위험을 공시할 의무가 있다. 영해를 단순히 통과하는 외국 선박에 대해 통항세를 징수해서도 안 된다.

우리나라는 ‘영해 및 접속수역법’에 의거하여 기선으로부터 12해리까지의 해역을 영해로 설정하고 있고, 섬이 많은 서해와 남해에서는 가장 바깥 섬에서 12해리까지의 바다를 영해로 삼고 있다. 울릉도와 독도에서는 이들 섬의 해안으로부터 12해리, 대한해협에서는 가장 바깥 섬에서 3해리 수역이 영해로 설정돼 있다. 한편 영해 바깥쪽 일정 범위, 기선으로부터 최대 24해리까지를 접속수역이라 한다. 연안국은 접속수역에서 관세, 재정, 출입국관리, 위생법규 등에 대해 관할권을 행사할 수 있다.

접속수역은 18세기 영국에서 시행된 ‘배회법Hovering Act’에 기원을 두고 있다. 이 법은 영국 영해 외곽을 배회하면서 밀수를 하던 외국 선박을 단속할 목적에서 제정됐다. 미국은 18세기 후반 밀수와 노예무역을 억제하기 위해 영국과 비슷한 관할권을 행사했다.

19세기 들어 여러 유럽 국가들이 접속수역을 설정하면서 관습법으로 정착됐다.

하지만 배타적 경제수역, 대륙붕 개념이 나오면서 접속수역의 실효성은 낮아졌다. 해양경계에서 논란의 중심은 배타적 경제수역과 대륙붕이다. 연안국은 기선으로부터 200해리까지 배타적 경제수역을 설정할 수 있다. 배타적 경제수역 내에서 연안국은 생물·비생물 자원의 탐사나 개발 등에 관해 주권적 권리를 갖는다. 또 인공섬이나 해상 시설물의 설치와 이용, 해양오염 방지, 해양 조사, 어업활동에 대한 배타적 관할권이 인정된다. 물론 공해와 마찬가지로 모든 국가가 항행, 상공비행, 해저전선·도관 부설의 자유는 보장된다. 1970년대 들어 세계 각국이 앞다퉈 배타적 경제수역을 선포했고, 그 결과 지구 전체 바다 면적의 3분의 1 이상, 주요 어장 대부분이 배타적 경제수역에 편입됐다.

이와 달리 대륙붕은 개념이 복잡하다. 해양법 76조는 대륙붕을 "기선으로부터 200해리 이원의 350해리 경계선까지 이르는 해저"로 정의했다. 영해 밖으로 육지영토의 자연적 연장에 따라 대륙주변부continental margin의 바깥 끝까지, 또는 대륙주변부의 바깥 끝이 200해리에 미치지 않는 경우 영해기선으로부터 200해리까지의 해저와 하층토로 규정하고 있다. 연안국은 대륙붕을 탐사하고 천연자원을 개발할 수 있는 주권적 권리를 갖는다.

이처럼 해양법은 200해리라는 거리 기준과 대륙주변부의 끝이라는 지질학적 개념을 모두 인정했다. 대륙붕 한계를 둘러싼 논란이 치열해진 이유다. 대륙붕 한계 확정에 대한 과학적 확실성과 중

립성 문제는 유엔해양법협약에 근거해 1997년 3월 설립된 대륙붕 한계위원회CLCS, Commission on the Limits of the Continental Shelf가 다룬다. CLCS는 지역성을 고려한 연안 당사국의 추천을 받아 선출된 해양지질학·지구물리학·수로학 등 분야의 과학자 21명으로 구성되며, 대륙붕 한계에 대한 과학적·기술적 판단을 내린다. 한국은 해양지질학자인 박용안 서울대 명예교수가 창립 시부터 줄곧 위원으로 활동하면서 2017~2019년 5대 의장을 역임했다.

중간선 원칙 vs. 형평의 원칙

각국은 현행 해양법 규정상 자국의 배타적 경제수역과 대륙붕 관할 범위를 최대한 확장하는 방안을 모색하고 있다. 많은 나라가 영해 기점을 최대한 해안선에서 멀리 떨어진 곳으로 정하여 직접 관할수역을 확대하려 한다. 그래서 바다를 사이에 둔 연안국 간의 거리가 400해리 미만인 경우, 배타적 경제수역과 대륙붕 한계 확정과 관련된 분쟁이 일어날 수밖에 없다. 한·중·일 3국이 접하고 있는 동중국해가 바로 그렇다. 한·중·일은 각자 다른 경계 획정 원칙을 내세워 이견을 좁히지 못하고 있다.

구체적으로 이어도 주변 수역은 어떨까. 이어도는 한국과 중국 간 가상 중간선에서 한국 쪽으로 28해리 지점에 있어, 한국 쪽에 더 가깝다. 따라서 배타적 경제수역 경계를 '중간선 원칙'으로 획정할 경우, 이어도는 중국의 관할 범위에 속할 수 없다. 한·중 양국은 양

측의 가까운 지점에서 400해리가 안 되는 수역 경계 문제를 해결하기 위해 1996년부터 협상을 벌여왔으나 경계 획정 원칙에 합의하지 못하고 있다. 한국은 중국과의 해양경계 획정에서 중간선 원칙을 고수하는 반면 중국은 육지의 자연적 연장(자연 연장론)에 따른 경계 획정을 주장해왔다.

중간선 원칙은 1958년 제네바에서 열린 1차 유엔해양법회의에서 합의된 대륙붕협약에 근거를 두고 있다. 협약 제6조 1항은 "동일한 대륙붕을 서로 마주 보고 있거나 인접한 대륙붕의 경우 대륙붕 경계는 당해 국가 간 합의에 의해 결정된다. 합의가 없고 특별한 사정에 의해 다른 경계선이 정당화되지 않으면 기선의 최단거리에 있는 각 지점으로부터 등거리 원칙 적용에 의해 결정된다"라고 되어 있다.

중간선, 등거리선으로 해양경계를 획정하는 방식은 오래전부터 협상이나 재판에서 사용되어왔으며, 경계선 획정이 단순해 분쟁의 소지가 적다는 장점이 있다. 국제사법재판소ICJ는 1985년 리비아-몰타 간 대륙붕 사건에서 대륙붕 한계 획정 시 해저의 자연적 특성에 대한 고려 없이 중간선을 그어 조정하는 판결을 내렸다. 2006년 바베이도스-트리니다드 토바고 해양경계 획정에 관한 중재사건에서도 상설중재재판소는 섬의 존재를 무시하고 중간선을 기준으로 획정했다.

이어도 해양경계 획정에서 중국이 선호하는 자연연장 원칙은 1945년 트루먼 선언에서 시작됐다. 대륙붕협약은 대륙붕을 "해안으로부터 인접한 수심 200m 또는 개발 가능한 수심의 해저"로 정의했는데, 자원개발과 관련된 기술과 형태가 발전함에 따라 새로운 대륙붕의 정의가 필요해졌다.

ICJ는 1969년 네덜란드-서독-덴마크 간 북해 대륙붕 사건에서 육지의 자연연장 원칙에 의거해 판결했다. 대륙붕은 특정 국가 육지영토의 연장이고, 다른 국가 육지영토의 연장을 침해해서는 안 된다는 것이다. 이후 관련국 간 대륙붕 한계 획정, 또는 공동개발협정 체결 시 육지영토의 자연적 연장 원칙을 고려하게 됐다. 1969년 북해 대륙붕 경계 획정, 1974년 한-일 간 남부 대륙붕 공동개발협정, 1974년 호주-인도네시아 간 대륙붕 공동개발협정 등이 그 예다.

중국이 해양경계 획정 기준으로 옹호하는 또 다른 원칙은 형평의 원칙이다. ICJ는 1969년 북해 대륙붕 사건에서 육지영토의 자연적 연장을 침해하지 않는 방법으로 모든 관련 사정을 고려해 합의에 의해 결정돼야 한다고 판결했다. 이런 기조는 1977년 영국-프랑스 간 대륙붕 사건, 1982년 리비아-튀니지 간 대륙붕 사건에서도 유지됐다.

해양법은 배타적 경제수역 경계와 대륙붕 한계 획정을 기준으로 특수 사정을 고려해 결과를 도출할 것을 강조했다. 여기서 특수 사정이란 연안과의 거리, 해안선 길이와 방향, 어족자원의 분포, 역사적 권리, 섬·암석·해구·등심선 등의 존재 여부, 육지와 대륙붕 간 지질학적 상호관계 여부 등 다양한 요소들이 포함된다.

멈춰선 이어도 기념사업

이어도 문제에 대한 한국 정부의 태도는 한마디로 '로우키(low-key) 전략'이다. 두드러지게 쟁점화하지 않으면서 절제 속에 상황을 관리한다는 입장이다. 일본의 영유권 분쟁화 자체를 인정하지 않는 독도 문제 대응과도 일맥상통한다. 그렇다 보니 이어도에 대한 국민적 인식을 높이기 위한 각종 기념사업도 제안·추진 단계에서 멈춰선 상태다.

2021년 8월 22일(음력 7월 15일)은 연중 해수면 조석 간만의 차가 가장 큰 백중사리였다. 이어도가 거센 파도 위로 얼핏 모습을 드러내는 날이다. 2015년 7월 제주여성리더십포럼은 제주도민 5,374명의 서명을 받아 '이어도 문화의 날' 제정을 촉구했다. 하지만 이어도의 날 지정은 다시 무산되었고, 이어도 문화·역사를 계승하는 작은 민간 축제행사만 열렸다.
제주특별자치도의회는 이어도의 날 제정 조례안을 세 차례나 발의했으나 정부의 자제 요청으로 통과되지 못했다. 또 제주도는 이어도 홍보·체험관 설립 계획을 세우고 사업예산을 편성했으나 국비지원 요청 단계에서 중단됐다.
이어도연구회가 제안한 이어도 기념공원 설치, 4D 영상체험관 설립, 이어도 주소 부여 등도 모두 미완의 숙제로 남아 있다.
이어도의 실효 지배를 확인하고, 해양영토 주권의식을 살리는 정책 방향의 재조정이 필요한 시점이다.

• 해양영토의 꿈, 이어도. ▷

미완의 한·중·일 어업협정

이어도 해역을 포함한 해양경계 획정은 2008년까지 한·중이 총 14차례 실무 협상을 벌였지만 진전이 없었다. 그러나 양국 정상들이 문제해결 의지를 보이면서 점차 진전됐다. 2008년과 2012년 이명박 대통령과 후진타오 국가주석 간 양국 정상회담에서 "해양경계 획정 문제를 조속히 해결하는 것이 안정적인 양국 관계 발전을 위해 중요하다"라고 공표했다. 또 2014년 박근혜 대통령과 시진핑 국가주석의 정상회담에서는 해양경계 획정 협상을 조속히 가동키로 합의했다. 이에 따라 2015년 12월 서울에서 차관급으로 격상된 회담이 재개됐다. 양국 간 공식회담은 해양경계 획정만을 논의하는 자리로 기존 협상 방식에서 진일보했다.

제1차 한·중 해양경계 획정 공식회담에서 양국은 국제규범에 따른 경계 미획정 수역 협상 의지를 확인하는 것으로 논의를 시작했다. 한·중은 양국 간 우호적으로 해양경계 획정 협상을 진행하는 것이 양국 관계와 해양협력 강화에 긴요하다는 데 의견을 같이했다. 또 원활한 협상을 위해 차관급 회담을 연 1회씩 양국에서 번갈아 개최하고, 별도의 실무협의를 정례화한다는 데 합의했다. 이에 따라 2021년 말까지 차관급 공식회담 2회, 국장급 회담 9회가 열렸으나 양국 입장이 팽팽히 맞서면서 여전히 결론에 이르지 못하고 있는 상태다.

한-중 간 해양경계 획정 논의는 해양법 정신을 근간으로 해양의 평화적 이용 의지를 보여준다는 데 의미가 있다. 협상을 통한 원만한 해결은 국제 해양경계 획정의 좋은 선례로 작용할 수 있다. 이런 관점에서 공동개발을 포함해 양국의 해양정책 전반을 협의·조율하는 '한·중 해양협력대화'를 2021년 4월 출범시킨 것은 성과로 평가된다.

배타적 경제수역과 대륙붕 경계 획정이 해묵은 과제가 된 것은 안건이 가진 엄중한 무게 탓이 크다. 해양경계 획정은 되돌릴 수 없는 국경조약의 성격을 갖기 때문에 단순한 경제적·전략적 가치를 뛰어넘는 역사적 의미가 있으며, 복잡하게 얽힌 이해관계 탓에 해결이 쉽지 않다. 그래서 한·중·일 3국은 배타적 경제수역 경계 확정까지 임시방편이라 할 수 있는 어업협정을 체결해 어로활동 등을 관리하고 있다.

중·일 어업협정은 1997년 11월, 한·일 어업협정은 1998년 11월, 한·중 어업협정은 2000년 8월 각각 체결돼 배타적 경제수역 갈등이 표면화하는 것을 막을 제도적 장치가 마련되었다. 그러나 어업협정은 잠정 조치일 뿐이며 배타적 경제수역 중첩은 여전해, 각종 해양활동에서도 논란의 소지를 안고 있다. 특히 황해는 한-중 간 수역거리가 최대 280해리에 불과해 배타적 경제수역 문제가 더욱 첨예하고 일방의 무분별한 남획, 불법 조업으로 인한 어족자원 피해 등 어업분쟁이 잦다. 2001년 6월 발효된 한·중 어업협정은 황해에 '배타적 어업수역', '잠정조치수역', '과도수역', '현행어업질서유지수역'을 설정했다.

배타적 어업수역에서는 조업방식, 어획량, 어획 가능 어종 등을 연안국이 부여한 조건에 따라 허가를 받아야 한다. 잠정조치수역은 어족자원 보호를 위해 어선 수를 제한하는 등 공동 관리하는 곳으로, 배타적 경제수역 적용을 잠정적으로 유보한 곳이다.

과도수역은 2005년 양국 각자의 배타적 경제수역으로 편입됐다. 그런데 이어도 해역은 이 어업협정에서 빠졌다. 협정은 이어도 주변 해역에 대해 명확한 경계를 짓지 않은 채 잠정조치수역 이남 현행어업질서유지수역으로 두었다. 한·중 양국이 기존 방식대로 자유롭게 어업활동을 할 수 있게 한 것이다.

이어도 해역은 한난류가 교차하는 지역으로서 다양한 어종이 나오는 황금어장이다. 그런데 산업 여건상 갈수록 중국 어선들의 독무대가 되고 있는 것이 현실이다. 한국 해경은 이어도 주변 해역에 함정을 배치해 순찰하고 있지만, 중국 어선의 조업 단속이 아니라 이어도 해양과학기지로의 접근을 막는 데 주력하고 있다.

섬이 뭐길래

해양법 체제 형성 이후 섬의 존재가치가 부쩍 높아졌다. 섬은 국가가 주권과 관할권을 갖는 해양경계의 기준이자 거점이 되기 때문이다. 물론 모든 섬이 가치와 권리를 갖는 것은 아니다. 인간이 거주할 수 없거나 경제생활을 영위할 수 없는 암석은 배타적 경제수역이나 대륙붕을 가질 수 없다. 그러나 해양법상 특정한 요건을 갖춘 섬은 육지영토와 맞먹는 해양의 영토적 권리를 인정받는다. 섬이 해양영토의 빛나는 보석으로 떠오른 것이다. 한편으로는 섬이 해양경계와 관할권의 핵심 요소가 되면서, 해양영토 분쟁의 주요 이슈가 되고 있기도 하다.

섬과 관련된 분쟁은 세 가지로 분류된다. 섬 자체의 영유권 분쟁, 해양경계 획정에서 섬의 효력과 관련된 분쟁, 영해·배타적 경제수역·대륙붕 등 해양 관할수역을 갖는 섬의 자격과 관련된 분쟁 등이다.

연안국은 본토 육지와 부속 도서에 접속한 일정 범위 수역을 영해로 설정하듯 섬 주변에 주권적 권리, 관할권을 갖는 접속수역, 배타적 경제수역, 대륙붕 등을 설정할 수 있다. 그런데 섬과 암석에 대한 해양법 규정이 명료하지 못한 탓에 연안국 간 도서 영유권, 해양 관할권을 둘러싼 갈등이 잦다.

그러면 섬이란 무엇인지부터 명확히 짚어보자. 바다 수면 위에 자연적으로 형성되는 지형은 섬 외에 소도islet, isle, 암석rock, 산호초reef, 사주sand bank 등 다양하다. 이들 중 어디까지가 섬으로 인정될까? 해양법은 섬에 대해 "수면으로 둘러싸이고 만조 시에도 수면 위에 있는 자연적으로 형성된 육지지역"이라고 정의한다.

즉 해양법상 섬으로 인정받으려면 두 가지 중요한 요건이 있다. 우선 자연적으로 형성된 육지지역이어야 하고, 만조 시에도 수면 위에 나와 있어야 한다. 해양법은 "인공섬과 해상 시설물, 구조물 등은 섬의 지위를 갖지 못하며, 자체 영해를 갖지 못하므로 배타적 경제수역이나 대륙붕 경계 획정에 아무 영향을 주지 않는다"라고 규정하고 있기 때문이다. 모래, 자갈, 암석 등을 쌓아 조성한 인공섬이나 콘크리트·철강 등의 소재로 설치한 구조물은 섬의 지위를 가질 수 없다는 것이다. 항상 수면 아래로 잠겨 있는 암초나 간조 시에만 수면 위로 나오는 간출암干出岩도 섬으로 인정되지 않는다. 또한 섬의 조건을 만족시키더라도 사람이 거주하거나 독자적 경제생활을 지속할 수 없는 암석은 배타적 경제수역과 대륙붕을 가질 수 없다고 규정하고 있다. 통상의 섬과 암석을 구별해 섬의 법적 지위에 차이를 둔 것이다. 따라서 자연적으로 형성된 섬이라 해도 사람이 거주하기 힘든 암석은 영해와 접속수역만 설정할 수 있다.

일본과 중국은 섬의 지위를 놓고 갈등을 빚고 있는 대표적인 나라들이다. 일본은 배타적 경제수역 설정 문제로 중국과 대립하는 태평양의 암석 주변에 보호시설을 건설해 주권 확보를 꾀하고 있다. 도쿄 남쪽 1,470㎞ 떨어진 해상의 이 암석은 가로 2m, 세로 5m, 해수면에서 높이 70㎝에 불과하다. 오키노토리시마沖ノ鳥島라 명명된 산호초다.

일본은 이 암석에 항만을 건설해 사람이 거주하는 섬으로 인정받고 배타적 경제수역을 확보하려 하고 있다. 일본은 침식이 진행 중인 오키노토리시마에 콘크리트 블록과 호안을 설치했다. 오키노토리시마 주변 해역은 니켈, 마그네슘, 코발트, 구리와 같은 자원이 풍부하게 매장돼 있는 것으로 알려졌다. 만약 오키노토리시마가 섬으로 인정돼 이를 중심으로 배타적 경제수역을 설정한다면 일본 국토 면적 38만㎢를 웃도는 40만㎢ 수역을 확보할 수 있다고 한다.

중국도 인공섬을 건설해왔다. 남중국해 스프래틀리난사, 南沙 군도 등지의 산호초 7곳에 인공섬을 축조하는 공사를 하고, 거기에 군용기 이착륙장을 지어 군사기지로 만들었다. 작은 암초와 산호초가 축구장 면적 14배에 달하는 7만 5,000㎡의 인공섬으로 변모한 것이다. 여기에 항구 두 곳과 헬리콥터 이착륙장까지 건설했다.

‘나비 박사’ 석주명, 이어도를 말하다

한국조폐공사
〈한국 인물 시리즈 100인〉 중
석주명 기념 메달.

’나비 박사‘로 유명한 석주명(1908~1950)은 제주도와 인연이 깊다. 곤충학, 생물학을 넘어 언어학, 사학, 박물학 등을 섭렵한 그는 1943년 경성제국대학 부속 생약연구소 제주도시험장 연구원을 자원해 2년간 제주에 머물렀다. 이때 제주도 곳곳을 답사하며 자연·언어·인문 분야를 아우르는 연구에 몰두해 제주학 연구의 초석을 놓았다. 그 성과가 제주도 총서 6권으로 남아 있다.

제주도를 삼다도(三多島)·삼무도(三無島)라 부른 것도 그가 원조다. 그의 유고작 《제주도수필》(1968)은 제주인의 일상생활, 언어부터 제주도의 자연과 인문지리를 통섭한 ‘제주백과사전’으로 평가된다.

이 책에는 이어도에 관한 기록도 있다. 그는 이어도에 대해 “맷돌 노래, 뱃노래, 농업노동요 등 제주 민요에서 별 뜻 없이 후렴구로 사용된다. 제주도와 중국 중간에 있는 가상의 섬으로, 과거 제주도에서 중국을 오갈 때 이 섬에 도착하면 안심했다”라고 설명했다.

제주학 창시자로서 그의 공적을 기려 서귀포시는 석주명 기념사업회를 만들고, 토평동 네거리에 석주명 기념 흉상을 세웠다. 또 그가 근무했던 옛 생약연구소를 국가등록문화재로 지정하도록 추진 중이다.

이어도의 국제법적 지위는?

이어도의 해양법상 지위는 어떻게 될까. 이어도는 높은 파도가 칠 때 간헐적으로 모습을 드러낸다. 그러나 간조 시에도 수면 아래 있기 때문에 간조노출지로 보기는 어렵다. 즉 극히 예외적인 순간을 제외하고는 항상 수면 아래 있는 수중 암초여서, 영해기점으로 사용될 수 없다. 설사 간출암이라 하더라도 가장 가까운 섬인 마라도와의 거리가 영해 범위를 넘어 자체 영해를 갖지 못한다.

이어도에 해양과학기지를 세웠으니 일본 오키노토리시마처럼 섬으로 만들어질 가능성은 없을까. 하지만 오키노토리시마도 배타적 경제수역과 대륙붕을 가질 수 있는 섬으로 간주하기에는 여러 측면에서 부적합하다. 그런 점에서 한-중 간 해양경계 획정의 중심에 있는 이어도에 어떤 인공적 조치를 하더라도 이익이 없음은 명확하다.

이어도 문제는 본질적으로 영유권 분쟁이 아니라 해양경계 획정과 관할권 다툼이다. 영유권과 관할권은 모두 국가의 권한 행사에 관한 것이지만 의미가 다르다.

영유권은 점령과 소유가 결합된 용어로, 영토주권을 갖고 있다는 뜻이다. 영토와 영해에서 국가가 행사하는 유일하고 독자적인 통치권한이 영유권이다. 반면에 관할권은 국가의 권한이 미치는 범위를 뜻한다.

이어도 해역은 배타적 경제수역이므로 영해에서 국가가 갖는 권한을 모두 행사할 수 없다. 영해에 비하면 제한적인 관리 권한만 인정된다. 이어도와 독도를 비교해보면 문제를 명확히 할 수 있다. 이어도와 독도는 모두 대한민국이 반드시 지켜야 할 해양영토다. 독도는 경상북도 울릉군 울릉읍 독도리 1~96번지를 부여받은 대한민국 영토이며, 바다 위에 솟아난 섬이므로 영토 지위를 인정받

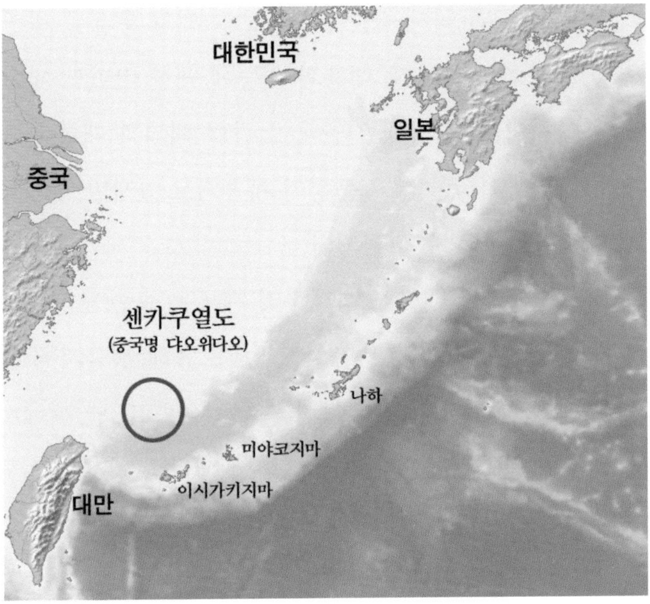

중국·일본 사이에 분쟁이 되고 있는 센카쿠열도(중국명 댜오위다오).

을 수 있다.

중국과 일본 사이에 일촉즉발의 무력충돌 위기까지 갔던 센카쿠열도(중국명 댜오위다오) 문제도 섬을 둘러싼 영유권 분쟁이다. 그러나 독도나 센카쿠열도(댜오위다오)와 달리 이어도는 수면 아래 암초이기 때문에 영토 지위를 부여받을 수 없다. 이어도는 중첩된 배타적 경제수역 경계 획정을 통한 관할권 확보, 행사에 관한 문제다.

해양법은 발효 이후 국제 해양질서에 관한 새로운 관습법, 관행 형성에 근거와 기준이 돼왔다. 한국은 1983년 122번째로 협약에 서명했고, 이 법은 국회의 비준동의를 거쳐 1996년 2월 28일부터 국내에서 발효됐다.

해양법은 유력한 국제규범이지만 모든 해양 문제를 해결할 수 있는 만능의 열쇠는 아니다. 내용과 기능에 대한 비판도 계속 제기돼왔다. 동아시아, 남중국해 연안국이 관할 해역과 대륙붕 범위를 확장하면서 경계 획정을 놓고 분쟁이 계속되고 있지만, 해양법으로는 명쾌한 해결이 어려운 실정이다.

한편 새로 도입한 배타적 경제수역 제도는 보편적 국제질서로 정착되기까지 많은 시행착오를 겪고 있다. 공해 생물자원에 대한 보존·관리 제도는 영해와 공해로만 이뤄졌던 1958년 제네바협약 체제를 그대로 전수한 탓에 제3의 수역인 배타적 경제수역과 조화되지 못하는 문제가 생겼다.

배타적 경제수역과 대륙붕 개념의 도입은 새로운 해양 시대를 주도하는 역할을 했다. 그러나 인접국, 대향국 간 해양관할권, 해양경계 획정을 둘러싼 분쟁 이슈가 되고 있는 것도 사실이다. 해양법 규정의 모호성 탓에 해양 관할권이 중복되는 수역에서 서로 자국 수역임을 주장하는 연안국 간의 무력 충돌 가능성까지 잠재한다. 또한 해양분쟁 이슈는 내용이 전문적이고 절차가 번잡하다. 잘못된 정보와 해석도 있고 상대국의 의도가 무엇인지 잘못 이해하는 경우도 있어, 대중의 이해와 인식이 부족할 수 있다. 그러나 그럴수록 해양영토에 대한 주권의식이 필요할 것이다.

이어도 문제도 국제규범인 해양법 규정을 존중하되 갈등이 터져 나올 수 있는 다양한 가능성을 유념해야 한다. 해양법의 한계를 분명히 인식하고, 국제규범의 틀을 넘어 발생할 수 있는 분쟁에 대비할 필요가 있다.

침대만 한 산호초 '오키노토리시마'

일본이 이른바 '도서화'를 추진해온 오키노토리시마는 태평양 한복판의 산호초다. 그야말로 침대 크기만 하다. 이어도가 해도에 소코트라 암초로 기재됐듯 이 암석도 처음 발견된 16세기 발견자 이름을 따 '더글러스 산호초(Douglas Reef)'라고 명명됐다. 원래 5개의 암석이 있었는데 파도에 의한 침식으로 1982년에 4개가 되었고, 1987년부터는 지금과 같이 히가시코지마와 기타코지마, 2개가 되었다. 히가시코지마는 만조 시 더블침대 넓이로 해수면 위로 6㎝ 정도 올라와 있으며 기타코지마는 싱글침대 넓이로, 높이가 히가시코지마보다 두 배 정도 높다.

오키노토리시마는 1931년 도쿄시 관할 아래 보닌군도의 일부로 일본 영토에 편입되었다. 보닌군도는 2차 대전 이후 미국의 신탁통치를 받다가 1968년 일본에 반환됐다. 1888년 이전에는 일본 내에서도 오키노토리시마에 대한 공식 언급이 없었다.

열대 태풍의 길목인 오키노토리시마는 표고가 매우 낮고 파도에 의한 침식과 자체적 침강이 진행되고 있어, 반세기도 못 가 침식될 위험에 놓여 있다. 이에 일본 정부는 1987년부터 철제 소파블록과 콘크리트 호안으로 암초 주위를 둘러싸는 공사를 벌였다. 이어 티타늄 재질의 보호 네트를 설치하고 무인 등대를 설치해 2007년부터 운영 중이다.

일본의 오키노토리시마 암초(일본 国土交通省関東地方整備局京浜河川事務所).

978

제6장

갈등의 파고 넘어 번영의 미래로

바다는 우리에게 무엇인가. 현재 어떤 유익을 주며, 미래에는 어떤 가치를 더할까. 지구상 부존자원 중 육지자원이 해양자원보다 훨씬 빨리 고갈되고 있음은 명백하다. 그래서 해양은 '제2의 영토'로 각광받는다. 세계 각국이 새로운 성장동력을 찾기 위해 바다로 눈을 돌리고 있다.

이어도 바다는 한국의 배타적 경제수역 중에서도 알짜배기인 노른자위 해역이다. 자원의 보고인 대륙붕을 지키는 근거지이며 바닷길과 하늘길의 급소다. 우리나라가 지켜야 할 핵심이익을 품은 해양영토다. 이어도를 지킴으로써 한국과 한국인에게는 공존과 번영의 미래가 열릴 것이다.

해양의 미래가치와 주권의식

해양 면적은 3억 6,000만㎢로 지구 표면적의 71%다. 해양의 가치를 생각해보자.

첫째, 해양은 생명의 근원이다. 해양에는 지구 생물의 90%인 1,000만여 종이 서식하고 있다. 아울러 지구 산소의 75%를 공급하고, 이산화탄소의 50%를 흡수한다.

해양은 열熱 수급과 이동을 통해 지구 기후를 조절하는 기능도 수행한다. 거대한 담수 공급원으로서 물을 순환시켜 육지의 생명체가 유지될 수 있게 한다. 또한 해양은 인류에게 생물 상품의 25%와 동물성 단백질 16% 이상을 제공한다. 모든 생명의 근원이란 말이 그냥 나온 미사여구가 아니다.

둘째, 해양은 자원의 보고다. 현재로서는 계측이 불가능한 막대한 광물자원과 무한대의 에너지자원을 내장하고 있다. 해양의 95%는 아직 미개발 상태이며 금속 매장량의 경우 육상이 110년어치를 품고 있는 데 비해 해양은 1만 년어치가 부존하고 있는 것으로 추정된다. 해저 석유 부존량은 발견된 것만 육지 부존량과 비슷한 1조 6,000억 배럴에 이른다. 그중 62%가 미개발 상태이며, 미발견 석유 부존량은 추정조차 어렵다.

가스하이드레이트 매장량은 10조 톤 이상으로 현재 소비량 기준으로 인류가 5,000년 이상 쓸 수 있다. 해양 에너지자원은 150억 ㎾로 추정된다. 지구가 멸망하지 않는 한 재생이 가능한 천연자원이다. 이 밖에도 열수광상, 망간각*, 망간단괴, 해양생물, 해수용해 광물 등 막대한 자원을 보유하고 있다.

셋째, 해양은 무역과 운송의 통로다. 경제성장과 대외 무역 증가, 원유 수입량 증가에 따라 오늘날 많은 국가에서 해상운송의 의존도가 높아지고 있다. 해상무역은 국가와 국가, 지역과 지역의 경제적 상호보완성을 연결해주는 고리이며 국제무역을 통해 막대한 경제적 이익이 창출된다.

해양은 여객과 화물 운송에서 중요한 역할을 담당한다. 국제교역의 78%가 바다를 통해 이뤄지며, 한국의 경우에는 그 비율이 99.8%에 이른다. 해양 없이는 무역과 운송이 불가능한 것이다. 그러므로 해양 권익의 확보와 활용은 국가의 생존이 걸린 중차대한 문제이다.

넷째, 해양은 다목적 공간이다. 해안 지역은 예로부터 인류의 중요한 주거공간이 되어왔다. 오늘날 전 세계 인구의 절반이 해안선에서 50㎞ 이내 공간에 거주한다.

또한 레저·관광 산업이 활성화하면서 해양 공간은 단순한 거주지를 넘어 새로운 개발 공간으로 변모하고 있다. 청명한 바다를 배경으로 펼쳐진 다양한 수상 레저와 크루즈 산업 등은 바다가 천혜의 자원으로 활용될 수 있음을 보여준다.

우리나라는 지리적 특성상 해양 개발과 대양 진출에 유리해 보

* 해저 열수공에서 분출된 금속들이 바닷속을 이동하다 침전하여 퇴적된 퇴적층. 특히 니켈, 코발트, 구리의 함량이 높은 곳을 망간단괴라 한다.

인다. 하지만 동서 양쪽에 일본과 중국이라는 강대국이 버티고 있다. 이들 국가와 해역이 중첩되어 해양경계 획정, 관할권 확보, 자원 개발과 활용 등 풀어야 할 과제가 쌓여 있다. 삼면이 바다인 우리에게 해양은 사활이 담긴 과제이기도 하다. 해양에서 얼마나, 어떻게 권익을 확보하느냐에 우리의 미래가 달려 있다. 그러므로 해양의 미래가치를 확실히 인식하고 해양주권을 확보·강화해나가는 일은 우리에게 맡겨진 책임이자 의무가 아닐까.

21세기는 '대륙붕의 시대'

해양에 미래가 있다고 할 때 핵심은 대륙붕이다. 해양지질학적으로 대륙붕은 해안으로부터 붕단shelf edge까지 평균 182m로 수심이 얕고 경사가 완만한 해저지형을 말한다. 육지의 지층이 바다 쪽으로 자연 연장된 '해저 영토'라 할 수 있다.

대륙붕은 수심이 낮아 식물성 플랑크톤이 다량 서식하며 이들의 활발한 광합성 작용으로 다양한 어류, 어패류, 산호초, 해초 등이 자라기에 적합하다. 또 수산자원뿐 아니라 석유·천연가스 등 인류가 삶을 영위하는 데 필수적인 에너지자원과 해저 광물자원이 풍부하게 매장돼 있다.

대륙붕 탐사·개발이 본격화되면서 우리나라도 2004년 7월 동해 대륙붕 31번 시추공에서 천연가스를 상업적으로 생산하는 데 성공했다. 한국은 오랫동안 '석유 한 방울 나지 않는' 자원 빈국이란 인식이 보편적이었다. 하지만 천연가스를 본격적으로 생산함으로써 세계 95번째 산유국으로 인정되었고, 이를 계기로 대륙붕의 가치와 중요성에 대한 인식도 크게 높아졌다.

해양법 체제의 형성과 함께 21세기 '대륙붕의 시대'가 열렸다. 해양법은 대륙붕의 바깥 한계를 200해리 이원까지 확장할 수 있는 국제법적 근거를 제공했다. 대륙붕 개념이 재정립됨으로써 '바다가 영토가 된다'는 불가능의 명제가 가능성으로 바뀌었다. 그러나 이와 함께 대륙붕 한계를 둘러싼 연안국 간 대립이 불거진 것은 피할 수 없는 현실이다. 한반도 주변 해역도 예외가 아니다.

한국 정부는 2012년 12월 26일 유엔 대륙붕한계위원회CLCS에 200해리 이원의 대륙붕 확장 외측 한계outer limit에 관한 심사청원을 제출했다. 이는 육지영토의 자연적 연장에 따라 동중국해에서 한국의 대륙붕 확장 끝이 일본의 오키나와 해구까지 뻗어나간다는 것을 공식화했다는 중대한 의미가 있다.

이에 대해 일본 정부는 2013년 1월 11일 CLCS가 한국 정부의 제출 문건을 "심사하지 않아야 한다"라는 의견을 구상서note verbale로 요청했다. CLCS는 인접국이 해당 대륙붕에 분쟁이 있다고 공식적으로 이의를 제기하면 해당 국가에 대한 문건 심사 자체를 진행하지 않는다. 그 때문에 한국 정부가 제출한 대륙붕 외측 한계에 관한 심사는 현재 대기 상태에 머물고 있다. CLCS의 결정은 최종적이며 구속력을 갖지만, CLCS는 해양과학 전문가들로 구성된 기구로 해양법에 관한 유권해석을 하는 사법기관이 아니라는 한계가 있다.

중국도 한국에 대한 견제에 나섰다. 중국 정부는 2012년 12월

14일 CLCS에 제출한 심사 청원에서 자국의 대륙붕이 오키나와 해구까지 뻗어 있다고 주장했다. 이와 관련해 일부 전문가는 한국과 일본의 대륙붕 공동개발협정이 종료되면 중국이 이 구역까지 넘볼 것이라는 우려를 표하고 있다.

한국과 일본은 1978년 대륙붕 공동개발구역JDZ 협정을 체결했다. 한국에 산유국의 꿈을 처음 심어준 대륙붕 제7광구가 그곳이다. 그러나 협정은 40여 년간 실질적 성과 없이 2028년 6월 22일 종료될 예정이다. JDZ 개발에 소극적이었던 일본은 협정 기간 중 JDZ에서 불과 860m 떨어진 곳에 중국과 공동개발구역을 설정해 석유자원 개발을 추진하기도 했다.

현재 공동개발에 관한 일본의 입장은 협정이 종료된 뒤 단독 개발 등의 방안을 재검토하겠다는 것으로 보인다. 이런 상황에 대해 전문가들은 한국이 유연한 개입을 통해 선택을 유도하는 '넛지nudge 효과'를 유발하여 상생과 협력을 모색해야 한다고 조언한다.

한반도 주변 해역은 대부분 경계 미획정 수역으로 한국이 독자적으로 해저광구 개발을 추진하기 어려우며, JDZ 사례를 통해 알 수 있듯 국제 공동개발도 쉽지 않다.

이어도 해역은 해저광물자원법에 따라 제4광구에 속한다. 대륙붕으로서 해양 개발·탐사 가치가 매우 높은 해양영토다. 지금은 한·중 해양경계 획정의 향배가 불투명하지만, 해양과학 협력 차원에서 양국 이해관계의 접점이 넓어지면 공동개발의 가능성은 열려 있다.

침몰하는 항모, 침몰하지 않는 산호초

섬은 군사·안보적 관점에서 '가라앉지 않는 항공모함(unsinkable aircraft carrier)'이라 불리기도 한다. 2차 세계대전 때 미군들이 만든 용어다. 전투기 활주로 건설이 가능한 태평양의 작은 섬을 두고 그렇게 말했다. 수면 위로 솟은 섬의 전략적 가치와 항공모함의 가공할 대양 장악력을 동시에 떠올리는 표현이다.

미군은 실제로 북태평양 산호섬에 활주로를 만들었다. 대표적인 곳이 에네웨타크(Enewetak)환초다. 에네웨타크는 마셜제도 랄리크열도의 40개 섬으로 이뤄진 고리 모양 산호초다. 섬 면적 5.85㎢, 가운데 석호 면적 80㎢다.

미군은 이곳에 해군 공병대를 투입해 이착륙장을 닦았다. 당시 항공사진을 보면 섬 위 활주로가 전속력으로 항진하는 항공모함과 흡사해 보인다. 미군은 에네웨타크를 '제4 항모'라 불렀다. 태평양의 진짜 항모 3척 다음 항모라는 것이다.

당연한 얘기지만 항모는 침몰한다. 대양을 사이에 둔 미국과 일본 간 태평양전쟁은 항모 싸움이었다 해도 과언이 아니다. 전세의 분기점이 된 1942년 6월 미드웨이 해전의 경우 미 항모 3척과 일 항모 4척이 교전했다. 그중 미 항모 1척이 침몰한 반면 일 항모는 4척 모두 침몰했다. 에네웨타크 활주로는 당시 미군 승리에 한몫했다.

에네웨타크는 전후 미국 신탁통치를 받았고, 그 기간 중 미국의 핵실험장이 됐다. 미국은 이곳에서 43차례 핵실험을 했다. 1952년 11월 수소폭탄 실험으로 엘루겔라브(Elugelab)섬이 통째로 없어지기도 했다.

에네웨타크 환초(US government). ▷

해양영토 확장할 수 있다

육지영토는 경계가 분명해 영토를 넓히기가 매우 어렵다. 하지만 해양영토는 다르다. 한 나라의 해양영토는 영해에만 국한되지 않고, 영해를 넘어 배타적 경제수역과 대륙붕에까지 넓게 뻗는다. 그러므로 해양경계 획정 협상 결과에 따라 해양영토는 얼마든지 확대가 가능하다.

영해기점 관리를 통해서도 해양영토를 넓힐 수 있다. 한국 정부는 최근 영해기점을 재측정해 서울의 5분의 1쯤 되는 넓이인 119.5㎢의 해양영토를 확장했다. 해양수산부 국립해양조사원은 해양법 제7조에 근거해 2014년부터 관할해역 설정의 기준점이 되는 영해기점을 재측정하고, 영해기점의 간조노출지를 정확히 측정해 그 위에 대한민국 해양영토임을 알리는 영구시설물을 설치하는 사업을 진행 중이다.

한국은 23개 영해기점을 연결해 직선기선을 설정했다. 나머지 해안 굴곡이 없는 동해안은 통상기선을 사용한다. 동해 1번 기점 경북 포항 달만갑(북위 36도 06분 20초, 동경 129도 26분 00초)에서 시작해 서해 23번 기점 인천 옹진 소령도(북위 36도 58분 56초, 동경 125도 44분 58초)로 이어진다. 육상 기점 3곳, 최외곽 도서 20곳이다. 도서 20곳 중 13곳은 무인도, 7곳은 유인도다. 영해기점을 알리는 표지는 23개 기점 해안에 설치돼 있다. 그런데 1960년대 말 측량·설치한 기존 영해기점 표시가 부정확한 곳이 많았다. 동판으로 만들어 바닥에 매설한 표지가 눈에 잘 띄지 않거나 파도와 재해 등으로 훼손·매몰

된 곳도 있었다.

국립해양조사원은 가거도, 소국흘도, 홍도, 고서, 횡도 등 5개 영해기점 도서부터 정확한 지점을 찾아나갔다. 방파제 등 영구시설이 있는 포항 호미곶 등 3곳은 좌표만 변경하고, 부산 영도구 생도, 통영 홍도 등 18곳은 정확한 간조노출지를 찾아내 첨성대 모양의 영구시설물을 설치했다. 이는 등대 기능과 함께 정밀 위치측정, 기상·해수면·수온·염분 관측장비를 갖춘 다목적 시설이다.

영해기점 재측정과 시설물 설치는 부정확했던 기선을 바로잡아 해양영토를 확장했을 뿐 아니라 해양 주권의식을 높이는 계기가 되었다. 이 일은 해양법 규정에 따른 합당한 조처다. 해양법은 "간조노출지까지, 또는 간조노출지로부터 직선기선을 설정할 수 없다"라고 규정했다. 직선기선 요건을 엄격히 한 것이다. 그러나 "영구적으로 해수면 위에 있는 등대나 이와 유사한 시설이 간조노출지에 세워진 경우나 간조노출지 사이의 기선 설정이 일반적으로 국제적인 승인을 받은 경우는 예외로 한다"라고 적시했다. 다시 말해 밀물 때 해수면 아래 잠겨 있다가 썰물 때 드러나는 간조노출지에 영해기점을 알리는 시설물을 세울 수 있다. 썰물 때만 해수면 위로 드러나는 바위섬이라도 해수면보다 높은 시설을 세우면 영해기점으로 인정받을 수 있는 것이다.

세계적으로 직선기선을 채택한 나라는 중국·일본을 포함해 80여 개국에 이른다. 한국은 남·서해안 굴곡이 깊고 섬이 많아 직선기선을 사용할 지리적 조건을 충족한다. 그런데 직선기선을 채택한 나라 중 3분의 2가량이 엄격히 따지면 해안선 굴곡과 기선의 거리 등에서 기준을 위반한 것으로 판단된다. 한·중·일 3국도 이에 해당한다. 문제는 해양법상 직선기선의 길이와 한계에 대한 명확한 기준이 확립돼 있지 않다는 것이다. 최장 직선기선 길이만 해도 한국은 절명서에서 소흑산도 사이가 60.3해리인 데 비해 미얀마의 경우 222해리, 에콰도르와 콜롬비아는 각각 136해리, 131해리에 달한다.

한국의 직선기선은 중국과 일본에 비해 상대적으로 합리적 설정 범위 안에 있는 것으로 평가된다. 중국의 경우 48개 직선기선 중 100해리 이상만 3곳이고, 일본은 해안의 굴곡 요건이 성립되지 않거나 60해리 이상의 무리한 직선기선이 5곳에 이르는 것으로 조사돼 있다.

직선기선은 해안 굴곡이 심하고 섬이 산재한 곳에 해안선의 일반적 방향을 벗어나지 않는 범위 안에서 설정하도록 되어 있다. 그러나 그 요건에 자의적 해석 여지가 많아 기점, 기선에 대한 이의제기가 있을 경우 국제적 교섭과 협상이 불가피하다. 기선은 해양경계의 출발선이어서 해양경계 획정 시 상대국의 인정 여부에 따라 협의 대상이 될 수밖에 없다.

중국과의 줄다리기 어디까지?

해양법 발효 이후 한반도 주변 해역의 경계 획정 문제는 현재진행형이다. 한국 정부는 해양경계 획정이 해양자원의 효율적 활용과 동북아 해양질서의 유지뿐 아니라 역내 평화에 중요한 사안임을 강조해왔다. 이어도에 대해서는 “이어도 수역은 한국 쪽에 훨씬 가까운 곳으로 한-중 간 해양경계 획정 이전이라도 명백히 한국의 배타적 경제수역에 속한다”라는 기본 입장을 견지하고 있다.

이에 대해 중국은 어떤 입장일까. 중국이 문제를 제기한 것은 이어도 해양과학기지 건설 이후다. 중국 국가해양국은 2005년 〈해양행정단속보고서〉에서 정부 차원에서 이어도 해양과학기지에 대한 감시활동을 벌였음을 처음 공식화했다. 보고서는 해양감시용 비행기를 이용해 이어도 기지에 대해 5회 순항 감시를 벌였으며, 이는 자국의 해양권 수호를 위해 해양법과 관련 국내법을 근거로 관할 해역에 대한 감독·관리를 한 것이라고 밝혔다. 이어도를 둘러싼 분쟁 가능성을 염두에 둔 감시활동이란 점이 주목된다.

중국 외교부는 2006년 9월 14일, 한국 정부의 해양과학기지를 이용한 해양활동에 반대하며 그러한 행동은 법률적 효력이 없다고 공식 발표했다. 중국 정부는 “쑤옌자오가 위치한 해역은 양국의 배타적 경제수역 주장이 중첩되는 곳으로 인공구조물 건설과 관련해 한국이 일방적으로 활동하는 것에 반대한다”라고 밝혔다. 이후 일부 중국 관료들을 중심으로 이어도에 대한 적극적인 대응을 요구하는 주장이 나오기 시작했다. 중국 해감의 동해총대 부총대장인 위즈룽郁志榮은 한·중 양국 간 배타적 경제수역이 아직 획정되지 않았음을 강조하면서, 해양과학기지에 게양된 태극기를 문제 삼아 과학연구 외에 ‘다른 의도’가 감춰져 있으므로 중국 정부의 강력한 대처가 필요하다고 주장했다.

중국은 타이완, 신장, 티베트 문제 등을 어떤 상황에도 양보할 수 없는, 물리력 사용을 불사하고 지켜내야 할 핵심이익이라 언급해왔다. 핵심이익이란 국가체제와 국가안보 수호, 국가 주권과 영토 보전, 경제사회의 지속적인 발전 등 세 가지를 말하는데, 최근 들어 그 범위를 확대하여 남중국해뿐 아니라 전략 자원과 해양수송로도 중국의 핵심이익 범주로 거론하고 있다. 중국 학계는 지질학적으로 이어도가 내륙에서 발원한 퇴적층silt으로 형성됐다는 자연 연장론을 뒷받침하고 있으며, 이를 바탕으로 이어도 역시 국가 주권과 영토 보전과 관련된 문제로 보아 이른바 '핵심이익'에 포함시키고 있는 것이다.

특히 이들 이슈가 중국 내 민족주의 정서와 결합될 경우 분쟁으로 발전할 수 있다. 실제로 중국 언론과 민간에서는 이어도와 센카쿠열도(댜오위다오)를 나란히 놓고 민족주의 정서를 부추기는 움직임이 나타나기도 했다.

중국은 전통적 핵심이익인 육지영토뿐 아니라 센카쿠열도(댜오위다오), 남중국해 스프래틀리 군도 등 도서 영유권, 해양영토 문제에 대해서도 기존 관행을 넘어 훨씬 더 공세적으로 접근할 가능성이 있다.

실제로 중국 정부와 언론은 2010년 7월 한·미 양국이 황해에서 실시한 합동군사훈련과 남중국해 문제에 관한 미국의 발언을 놓고 '황해의 안전'과 '남중국해의 주권'은 양보할 수 없는 핵심이익이라고 주장했다. 중국은 육지 영토 면적이 세계 3위지만 해양영토 면적은 일본의 5분의 1도 안 된다는 점을 강조하며 해양영토 문제에 대한 강경한 대외정책 방향을 예고했다.

실제로 이어도는 중국의 해양방어 전략인 '도련선島鏈線, island chain'에 포함된다. 도련선은 태평양 섬을 사슬처럼 연결한 가상의 선으로, 1980년대 중국 인민해방군 해군사령원 류화칭劉華淸이 창시한 적극방위 전략이다. 기존의 연안방어 중심의 전략을 적극적인 근해방어 전략으로 전환한 것이다.

중국은 해양분쟁에 대한 대응책으로 무력시위나 군사행동 외

'민족주의'와 '애국심'의 차이

영토 문제가 제기될 때 늘 나오는 것이 민족주의다. 중국의 경우 대중의 민족주의를 대외관계에 활용해오곤 했다. 센카쿠열도(댜오위다오) 분쟁은 물론 일본의 안보리 진출과 역사교과서 문제, 미·중 간 정찰기 충돌 등에서 민족주의 시위가 갈등을 고조시켰다.

민족주의란 과연 무엇인가. 'nationalism'의 번역어인 민족주의는 함의가 복잡하고 민감한 용어다. '국가주의' 또는 '국수주의'로도 번역이 가능하다. 문제는 한국어 '민족주의'와 영어 'nationalism'이 각 언어사용자에게 주는 어감이 상당히 다르다는 것이다.

한국인은 대체로 민족주의라는 말에 반감이 없다. 오히려 항일투쟁이나 남북화해 같은 긍정적 문맥에서 사용하곤 한다. '민족주의 시인 윤동주' 같은 표현이 그렇다. 사회과학자가 아닌 일반인에겐 민족주의가 소중한 가치로 여겨지기도 한다. 반면에 서구인들은 '민족주의'라 하면 성조기를 불태우며 시위하는 이슬람 근본주의자, 자기만 아는 우물 안 개구리 같은 국수주의자를 떠올리기 십상이다. 실제로 서방 언론이 중국의 패권적 자국 우선주의나 일본의 우경화 행보를 비판할 때 동원하는 용어가 민족주의다.

에 공동개발을 내세우기도 한다. 이른바 '분쟁유보 공동개발' 전략이 처음 제기된 것은 1978년 국무원 부총리였던 덩샤오핑이 일본과의 평화우호조약 체결을 위해 일본을 방문했을 때였다. 덩샤오핑은 센카쿠열도(댜오위다오)는 당장 해결할 수 없는 문제이며 당분간 영유권 분쟁을 접어두자는 입장을 표명했다. 중국공산당은 1984년 남중국해 난사군도 문제도 분쟁유보 공동개발의 원칙에서 해결 가

일본 고위층의 야스쿠니 신사 참배, 침략 정당화 등 역사 수정주의, 평화헌법 개정 움직임에 대해 《뉴욕타임스》는 '일본의 불필요한 민족주의(Japan's unnecessary nationalism)'란 제목의 사설로 통렬히 비판한 바 있다.
사회과학적 개념이나 역사적 맥락이 어떻든 민족주의는 영어 사용자에게 부정적 이미지를 투사한다. 'nationalism'을 '민족주의'로 번역하면 정확한 어감을 잃을 가능성이 높은 게 현실이다. 그에 비해 'patriotism'은 긍정적으로 인식되는 용어다. 우리말로 '애국심'이라 번역되는데, 이것도 어감이 정확히 일치하는 건 아니지만 민족주의에 비하면 조응도가 훨씬 높다. 영국 작가 조지 오웰(George Orwell)은 1945년 쓴 글에서 애국심과 민족주의를 이렇게 구분한 바 있다.
"애국자는 자기 나라가 세상에서 자신에게 가장 좋은 곳이라고 믿지만 그런 생각을 다른 사람에게 강요할 의사는 없다. 애국심은 군사적, 문화적으로 그 본질이 방어에 있다. 반면에 민족주의는 힘의 추구와 분리될 수 없다. 모든 민족주의자의 변함없는 목적은 더 큰 힘, 더 큰 권위를 확보하는 데 있다. 그것은 자신을 위해서가 아니라 국가 또는 개인을 함몰시키기로 작정한 집단을 위해서다."

능하다는 입장을 밝혔다.

분쟁유보는 외교적 협상을 통한 평화적 문제해결 방식을 의미하며, 여기엔 주변국의 간섭은 물론 ICJ를 포함한 제3자 중재에 의한 해결을 배제한다는 입장이다. 또한 공동개발은 영유권 문제를 후대 과제로 남기고 자원개발을 먼저 진행하자는 것이다. 공동개발 방식은 중간선 원칙을 주장하는 한국의 입장과는 거리가 있다.

배타적 경제수역은 영유권이 아닌 관할권 문제인 만큼 경제적 국익이 중요하다. 하지만 배타적 경제수역도 해양영토로 인식되고 있으므로 자칫 국가 정체성과 동일시됨으로써 한·중 간 민족주의적 대결 이슈로 발전할 가능성이 있다. 공동개발, 공존 협력과 영토주권, 관할권 확보가 균형점을 찾아야 하는 난제가 아닐 수 없다.

바닷길·하늘길 지키는 이어도

해양수송로Sea Line of Communication, SLOC를 흔히 물류의 혈맥이라 한다. 원유, 원자재, 교역품 등 경제활동에 필수적인 물자를 수송하는 통로가 해양수송로다. 해양수송로 확보를 둘러싼 경쟁은 해양 갈등의 주요 이슈 중 하나다.

한국은 원자재 등의 해외 의존도가 높고 교역 중심의 기간산업 체제를 이뤄, 해양수송로는 곧 경제의 대동맥이라 할 수 있다. 국제 교역량의 99.7%, 원유 수입 100%를 해운에 의존하고 있다. 그런 만큼 항행에 문제가 생길 경우 치명타가 될 수 있다. 해상수송로의 보

바다에서 보는 웅장한 이어도 해양기지의 모습.

호는 생존과 직결된 사활적 국익이 아닐 수 없다.

국내 석유비축 계획은 정부 비축 60일분, 민간 비축 30일분 등 90일분 이상을 확보하도록 돼 있다. 만약 어떤 사유로든 해양수송로가 30일 이상 차단되면 한국 경제와 국민 생활은 심각한 타격을 입게 된다. 해양수송로는 평상시에는 경제를 지탱하고, 전시에는 전쟁 지속능력을 보장하는 생명선과 다름없다.

이어도 주변 수역은 연간 수십만 척의 배가 통과하는 해상교통의 중요한 길이다. 한국의 핵심 해양수송로일 뿐 아니라 중국에게도 경제적·전략적으로 중요한 해양수송로의 길목이다. 군사적으로는 중국의 해양방어 반경이어서 미국·일본 등과 힘 대결도 벌어질 수 있다.

이어도 해역은 한·중·일 해양 경쟁이 치열하게 각축하는 곳이다. 지금까지는 3국 간 합리적·외교적 판단에 따라 갈등이 휴면상태에 있을 뿐 해양자원 등 경제적 가치를 고려할 때 언제든 심각한 분쟁이 터질 수 있는 시한폭탄과도 같다.

중국은 해군력 증강에 박차를 가하면서 동아시아 지역의 안정성을 흔들고 있다. 중국으로부터 가해질지 모르는 잠재적 위험에 대비해 일본, 한국 등 주변국이 세력 균형을 위한 군비증강에 나설 가능성이 높다.

또한 이어도 해역은 바닷길뿐 아니라 하늘길로도 국가를 지키는 경제·안보의 요처다. 중국 항공기가 이어도 인근 항공에 출현하는 횟수가 갈수록 늘어나고 있다. 중국 해군 군함과 잠수함도 한국 해군의 이어도 작전구역을 침범하고 있다. 중국은 2011년 이후 이어도 해역에 대한 전략적 가치를 재인식하고 직·간접적으로 관심을 표명하고 있다. 그 대표적 징후가 '방공식별구역China Air Defense Identification Zone, CADIZ' 선포다. 중국은 2013년 11월 23일 이어도 상공이 포함된 동중국해 상공에 방공식별구역을 전격 선포했다.

영공은 영토와 영해의 수직 상공, 주권이 미치는 하늘 공간이다. 즉 완전하고도 배타적인 주권을 행사할 수 있는 국가 공역이다. 공역은 국제법의 제한을 받지 않지만 국제 조약, 판례, 관습, 국내법 등에 의해 통제받을 수 있다. 한편 방공식별구역은 자국 영공 방위를 위해 영공 바깥쪽 공해 상공에 설정되는 가상의 공역으로서, 국제법적 근거가 미약하며 선포와 운용 방식도 국가별로 다양하다. 국가 방위를 명목으로, 접근하는 비행물체에 대한 사전 탐지, 식별, 적절한 조치를 위해 영공 밖에 임의로 설정한다. 영해기선에서 200해리인 배타적 경제수역과 달리 방공식별구역은 거리나 면적 개념 자체가 없다. 현재 한국·중국·일본·대만 등 20여 개국이 방공식별구역을 설정하고 있다.

중국이 설정한 방공식별구역은 이어도 상공을 포함한다. 특히 일본과 영유권 분쟁 중인 센카쿠열도(댜오위다오) 상공도 포함하고 있어 일본을 바짝 긴장시켰다. 중국이 방공식별구역으로 선포한 동중국해 상공은 일본이 1969년 일찌감치 선포한 방공식별구역JADIZ의 동중국해 공역과 상당 부분 겹친다.

한국은 1951년 6·25전쟁 중 미군이 선포한 방공식별구역이 있었는데 중국에 대응해 이를 대폭 확대했다. 한국 정부는 2013년 12월 11일 이어도 상공을 포함한 새로운 방공식별구역KADIZ을 선포했

이어도 기지 방문 후 본부로 귀환하는 해양경찰청 헬기.

다. 한국이 이렇게 즉각 대응한 데는 이어도 해양과학기지와 해양 관할권 현안이 결정적 요인이 됐다.

이어도 해양과학기지는 방호인력도, 시설도 없지만, 동중국해 한복판에서 태극기를 휘날리는 대한민국의 존재감 그 자체다. 해양과학기지라는 실체가 서 있기에 이어도 해역은 반드시 지켜야 할 수역이 됐다. 이어도 실효 지배가 한국 산업·안보 대동맥을 지키는 보루인 셈이다.

이어도 지키는 제주해군기지

중국은 일본과 영유권 분쟁을 빚고 있는 센카쿠열도(댜오위다오)를 놓고 무력행사를 불사하고 있다. 방공식별구역 선포 직전인 2013년 8월엔 중국 해경선 4척이 이틀간 센카쿠 해역에서 일본 어선과 순시선을 쫓아버리며 시위를 벌였다. 일본도 중국의 섬 상륙에 대비해 대규모 탈환 훈련을 벌이는 등 일촉즉발의 충돌 위기를 빚었다.

중국은 매번 공세적 태도를 보여왔으나 전면적 군사력 사용으로 확대하지는 않고 있다. 아직은 중국 해군력이 일본 해상자위대에 뒤지기 때문이다. 그러나 국력 부상과 함께 중국 해·공군력이 대폭 증강되고, 미국의 서태평양 지역 군사력이 감소할 경우 센카쿠열도(댜오위다오)를 둘러싼 중·일 충돌 가능성은 커질 수밖에 없다.

한국 해군은 동아시아에서 북한 해군을 제외하면 가장 약체인 것으로 평가된다. 해상전력 증강에 대해 방위산업청은 중국·일본과 동등한 수준의 해군력 확보는 어렵고 중·일 해상전력의 30%가 투입될 경우를 대비한 제한적 근해 우세를 목표로 제시했다. 유사시 중·일에 맞설 수 있는 최소한의 해군력이라 할 수 있다.

주목할 만한 대목은 독도, 이어도 분쟁에 대비한 기동함대 창설 제안이다. 기동함대는 해군이 보유한 전력을 필요한 지역에 신속히 파견해 작전을 수행하는 함대로, 보통 3개 기동전단으로 구성된다. 기동함대가 창설되면 제주 남방 해역에 대한 해군의 대응력을 크게 높일 수 있다.

이어도 해역에서 한국 해군의 결정적 약점은 접근성이었다. 가장 가까운 부산 해군기지에서 이어도까지 가는 데 23시간(507㎞)이 걸린다. 그런데 중국 해군은 닝보에서는 18시간(398㎞), 일본 해상자위대는 사세보에서 21시간(450㎞) 만에 출동할 수 있다. 이 같은 절

제주민군복합항 준공식 행사(대한민국해군 제공).

대적 열세를 극복하기 위해 제주해군기지 건설 필요성이 제기됐다. 제주해군기지는 제주 남방 해상교통로 확보와 주변국 견제, 대북전력 우위 측면에서도 꼭 필요한 시설이었다.

환경파괴 논란 등 우여곡절 끝에 제주도 서귀포시 강정동에 2016년 2월 제주해군기지가 완공됐다. 이로써 이어도까지 거리가 176㎞로 대폭 단축돼 8시간 만에 닿을 수 있게 됐다. 적어도 기동성 면에서는 중국을 앞서게 된 것이다.

제주해군기지에는 해군작전사령부 직할 제7기동전단이 부산에서 모항을 이전해 해상교통로 보호, 대북 대비태세 유지, 국가 대외정책 지원 등의 임무를 수행하고 있다. 해군은 제7기동전단을 2025년 기동함대사령부로 확대·개편할 예정이라고 밝혔다.

일련의 해군전력 확보 계획은 최소한의 억지력 유지 수준이어서 이어도 해양안보의 필요충분조건에 이르지는 못한다. 분쟁에 대비해 해군 전력을 증강하여 무력시위, 충돌 시 대응력을 높일 필요가 있다.

분쟁에서 무력은 직접 충돌 외 시위 효과가 중요하다. 해·공군력을 직접 사용하지는 않더라도 언제든 사용할 수 있다는 전제가 있다면 외교전에서 높은 협상력을 가질 수 있다. 그래서 외교와 전쟁은 동전의 양면이라 한다. '전쟁은 피 흘리는 외교, 외교는 피 흘리지 않는 전쟁'이란 말도 같은 맥락의 경구다.

이어도 해역은 배타적 경제수역 경계 획정 협상이 타결된다 하더라도 외국 군함이나 해양감시선 등의 항행이 가능하다. 그러나 무기 발사, 군사훈련, 군함 기동, 항공기 발진·착함, 군사장비 설치 등 명백한 군사활동은 논란의 대상이 된다. 이어도 해양과학기지 주위 500m에 설정된 안전수역은 위협적 행위를 국제법 위반으로 규정하는 효력이 있다.

바다는 부른다, 우리의 열망을

해양의 미래가치가 높아질수록 한 치라도 더 넓은 해양을 차지하기 위한 국가 간 각축은 피할 수 없다. 해양은 경계 없이 하나로 이뤄진 드넓은 세계인 것처럼 보이지만 현실은 그렇지 않다. 눈에 보이지 않는 여러 경계선이 그어져 있으며, 경계선이 불확실한 곳에서

최남선(경기도지 수록, 1955).

갈등과 분쟁이 지속되고 있다.

오늘날의 해양경계가 이뤄진 것은 1994년 해양법 발효 이후다. 해양법은 새로운 세계 해양질서를 규율하는 기준이 됐다. 그런데 국제사회가 합의해 만든 해양법 체제가 역설적으로 해양 경쟁을 첨예화시키고 있다. 배타적 경제수역, 대륙붕 등 핵심 영역을 둘러싼 분쟁을 가리는 명확한 잣대를 제시하지 못하기 때문이다.

해양은 '양날의 칼'이다. 해양이 품고 있는 거대한 잠재력이 오히려 해양을 새로운 갈등의 진원지로 만들 수 있다. 무궁무진한 해양의 가치는 인류에게 밝은 미래를 약속하기도 하지만 갈등과 충돌로 귀결될 수도 있다.

지금까지 해양에 대한 우리의 인식은 그리 높은 수준이 아니었다. 역사적으로 은둔의 조선이 펼쳐온 정책 탓이 크다. 조선은 섬에 사람이 살지 못하도록 한 공도정책空島政策과 일반 백성의 해상활동을 전면 금지한 해금정책海禁政策을 시행했다. 바다를 멀리하고 어부를 천대하는 경향이 자연스럽게 확산됐다. 이런 풍조는 조선시대 내내, 이후 근대화 과정까지 한국인의 뇌리에 깊숙이 박혔다.

역사학자 최남선은 500년 이상 지속된 이러한 분위기를 바꾸는 데 앞장섰다. 그는 해양에 대한 확고한 소명의식을 가진 선구적 지식인이었다. 육당은 바다에 대해 처음으로 언급한 신체시 〈해에게서 소년에게〉(1908)에서 바다가 미래의 도전정신이고 소년이 건너야 할 당면한 현실이라고 보았다.

최남선은 1954년 해군본부 의뢰로 해양통사인 《한국해양사》 편찬을 주도했다. 이 책 서문에서 그는 "대한민국은 해양화의 길을 걸어가야 한다"라고 힘주어 말했다. 그는 해양화가 국운 개척의 길임을 역설한 글 〈해양과 국민생활〉(1953)에서 이렇게 썼다.

1954년 한국 해군본부 발행 《한국해양사》 표지(해양인문네트워크, 한국해양문학관 심호섭 제공).

> 우리 민족이
> 바다를 알고 지낸 시기는 영광의 시기이고,
> 바다를 잊어버린 시기는 환란과 시련의 시기였다.
> 한국을 구원할 자는
> 바다의 나라로 일으키는 자이고,
> 한국을 구원하는 것은
> 바다에 서는 나라로 고쳐 만드는 것이다.

국가를 구성하는 3요소는 국민과 영토와 주권이다. 그중 영토는 땅·바다·하늘을 포괄하는 기본 요소이다. 영토는 국가의 주권이 미치는 육지와 섬을 말하고, 영해는 주권이 미치는 영토를 둘러싼 바다이며, 영공은 영토와 영해의 수직 상공, 주권이 미치는 하늘 공간이다.

그런데 이러한 영토 인식은 상당히 소극적인 사고다. 훨씬 더 광범위한 영역이 연안국의 관할 영역이 되고 있는 해양영토의 경우가 그렇다. 해양영토는 좁게 해석하더라도 국가의 영토 주권이 미치는 관할 해역을 말한다. 여기엔 영해 외에 배타적 경제수역과 대륙붕까지 포함된다.

영토는 국가와 주권을 상징하며, 그 주체는 바로 국민이다. 해양영토 또한 다르지 않다. 해양에 대한 확고한 인식을 갖고 해양을 통해 얻을 수 있는 권익을 지키는 기본은 해양주권에 대한 국민의식에서 출발한다.

해양영토와 관련해 발생하는 각종 분쟁은 경제·군사안보 국익을 놓고 벌이는 해양주권 쟁탈전이다. 이어도 문제도 근본은 마찬가지다. 해양 시대인 오늘날 해양국익, 해양주권, 해양영토가 걸린 문제는 모두의 각성과 이해, 열망과 행동의지를 요구한다.

이어도는 '진주목걸이'의 첫 단추?

중국의 도련선은 섬을 잇는 방위라인이자 해양방어의 작전반경이다. 제1도련선은 쿠릴열도, 일본, 타이완, 필리핀을 지나 말라카 해협까지 길게 이어진 근해 방어선이다. 이어도 해역이 일본과 타이완 사이 선상에 걸쳐 있다.

제2도련선은 오가사와라, 괌, 사이판, 파푸아뉴기니 등 외해를 연결한다. 미국을 의식해 공식화하지는 않고 있지만 제3도련선도 있는 것으로 알려져 있다. 제3도련선은 알류샨열도, 하와이, 뉴질랜드 일대를 거쳐 태평양을 가로지른다.
도련선은 중국의 3단계 해양방어 전략에 따른 것이다. 1단계는 본토로부터 제1도련선 안쪽 해역에 대한 적극적 근해방어, 해양통제 강화다. 2단계는 제2도련선까지 중거리 전진방어를 목표로 한다. 이를 통해 동아시아 제해권을 장악한다.

3단계는 중동에서 중국 연안을 잇는 해상교통로의 중국 상선·수송선을 보호하는 원해방어다. 주변 연안국과 외교적 유대 강화를 통해 이들 국가 내 해군기지, 항만시설을 건설하는 전략을 포함한다. 육·해상 실크로드를 뜻하는 '일대일로(一帶一路)' 계획과 일치한다. 중국의 이런 원대한 구상을 '진주목걸이(string of pearls)' 전략이라 한다.

미국은 중국의 서태평양 지배 전략을 'A2/AD(Anti-Access, Area Denial, 반접근, 지역거부)'라 부른다. 해양력이 열세인 세력이 강한 세력을 상대로 해상 접근을 거부하며 펼치는 일종의 해전 기피 전략이다.

이어도 오디세이

한반도의 푸른 꿈, 우리가 알아야 할 이어도의 모든 것

초판1쇄 발행 2022년 10월 26일

지은이 사단법인 이어도연구회

펴낸이 고용석
펴낸곳 다우출판
책임편집 이홍림
편집 고민주
디자인 임경선

출판등록 제2016-000069호(2005년 2월 22일)
주 소 서울시 마포구 토정로 222 한국출판콘텐츠센터 422호
전 화 02-701-3443
이메일 onbooker@gmail.com
ISBN 978-89-88964-22-4 (03300)

이 책은 2022년도 정부(해양수산부)의 재원으로 사단법인 이어도연구회의 지원을 받아 제작 및 출판됐습니다.